旅游标准学

（基础篇）

任 鸣 著

图书在版编目(CIP)数据

旅游标准学. 基础篇/任鸣著. —北京：北京大学出版社，2015.2
ISBN 978-7-301-25523-0

Ⅰ.①旅… Ⅱ.①任… Ⅲ.①旅游业—标准化管理 Ⅳ.①F59

中国版本图书馆 CIP 数据核字（2015）第 030369 号

书　　　名	旅游标准学（基础篇）
著作责任者	任　鸣　著
策 划 编 辑	李　玥
责 任 编 辑	李　玥
标 准 书 号	ISBN 978-7-301-25523-0
出 版 发 行	北京大学出版社
地　　　址	北京市海淀区成府路 205 号　100871
网　　　址	http://www.pup.cn　　新浪微博：@北京大学出版社
电 子 信 箱	zyjy@pup.cn
电　　　话	邮购部 62752015　发行部 62750672　编辑部 62765126
印 刷 者	北京富生印刷厂
经 销 者	新华书店
	787 毫米 ×1092 毫米　16 开本　12.5 印张　274 千字
	2015 年 2 月第 1 版　2015 年 2 月第 1 次印刷
定　　　价	30.00 元

未经许可，不得以任何方式复制或抄袭本书之部分或全部内容。
版权所有，侵权必究
举报电话：010-62752024　电子信箱：fd@pup.pku.edu.cn
图书如有印装质量问题，请与出版部联系，电话：010-62756370

前　言

近年来，中国旅游业发展迅速，旅游收入呈逐年大幅增长态势，旅游经济规模不断扩大，中国也正处在由旅游大国跻身旅游强国的过程中。在这一过程中，中国旅游业必然会面临两大问题：一是在旅游规模不断扩大的情况下，如何快速提高旅游服务质量和水平；二是如何培养一批高素质、高标准的旅游服务人才，借以提高旅游服务质量和水平。若这两大问题能得到很好解决，跻身旅游强国之列的时间会显著缩短。

在这一背景之下，国家旅游局已开展了以旅游标准化试点、示范建设为主线，以完善旅游标准体系和标准编制为基础，以全面宣传贯彻、实施和监督标准为核心的标准化活动。为配合国家旅游标准化，我们编写了《旅游标准学（基础篇）》，借此来规范旅游标准化活动，规范旅游服务，为普及旅游标准和标准化知识提供服务。本书主要包括八个方面的内容：一、标准及标准化基础知识；二、旅游标准学与标准化概述；三、旅游标准化原理与管理原则；四、旅游标准的制定；五、旅游标准体系建设；六、旅游标准的实施与监督；七、旅游标准化效果评价；八、旅游标准化示范区建设。

本书希望通过对相关标准化和旅游的知识进行梳理，把标准化的行为应用到旅游业发展当中，分别阐述了旅游标准化的系统、和谐和法治原理，旅游标准的制定原则、制定程序和编写规划，旅游标准化体系要素、体系建设和旅游标准的制定与修订，旅游标准的实施与监督，旅游标准化效果的产生机理、分类及评价指标和评价方法，最后，对我国旅游标准示范区建设进行了说明。

编写这本书，根本目的在于，有效规范旅游服务标准，使得我国旅游业发展过程中的各种行为能够标准化，借此提高我国旅游业发展的质量，促进我国旅游业又好又快地发展。本书编写过程中，得到多方的帮助。首先，感谢国家旅游局、中国旅游研究院和浙江省旅游局的大力支持以及戴斌院长、汪黎明处长的不吝指导；其次，感谢浙江省标准化研究院、浙江旅游职业学院、浙江省旅游标准技术委员会的关心和支持；最后，还要感谢边喜英老师、池静老师等，他们为了这本书的资料收集以及撰写工作付出了辛勤的劳动。

"旅游标准学"是一门新兴的研究课题，其体系和内容正处在不断完善之中，编撰过程中肯定存在很多不足，真诚希望业界和读者提出宝贵的批评和建议，以便今后修订完善。

任　鸣
2014.12.20 于浙江旅游职业学院

目 录

第一章　标准及标准化基础知识 ·· 1
　　第一节　标准与标准化 ·· 1
　　第二节　标准化作用 ·· 16
　　第三节　标准与法规 ·· 21
　　第四节　标准化简史 ·· 25
第二章　旅游标准学与标准化概述 ·· 33
　　第一节　旅游标准学概述 ·· 33
　　第二节　国内外旅游标准化概况 ·· 38
　　第三节　我国旅游标准化发展战略与趋势 ································· 46
第三章　旅游标准化原理与管理原则 ··· 50
　　第一节　概述 ··· 50
　　第二节　旅游标准化基本原理 ··· 51
　　第三节　旅游标准化管理原则 ··· 55
第四章　旅游标准的制定 ··· 62
　　第一节　旅游标准的制定原则 ··· 62
　　第二节　旅游标准的制定程序 ··· 67
　　第三节　旅游标准的编写规则 ··· 75
第五章　旅游标准体系建设 ·· 95
　　第一节　我国旅游标准体系建设概况 ······································ 95
　　第二节　2009 年版旅游标准体系简介与评价 ···························· 96
　　第三节　旅游业标准体系建设实施 ··· 102
第六章　旅游标准的实施与监督 ·· 105
　　第一节　旅游标准的实施 ·· 105
　　第二节　旅游标准实施的监督 ··· 112
第七章　旅游标准化效果评价 ··· 118
　　第一节　标准化效果评价的意义 ·· 118
　　第二节　旅游标准化效果的产生机理 ······································ 120
　　第三节　旅游标准化效果的分类及评价指标 ····························· 122
　　第四节　旅游标准化效果的评价方法 ······································ 126

第八章 旅游标准化示范区建设 ·· 129
　　第一节　旅游示范区建设内涵 ·· 129
　　第二节　示范区建设方法 ·· 133
　　第三节　示范试点建设的考核与评估 ··· 140
附录 1　《全国旅游标准化工作管理办法》 ··· 145
附录 2　旅游业基础术语 ·· 151
参考文献 ·· 193

第一章 标准及标准化基础知识

第一节 标准与标准化

一、标准的概念

在我们的日常生活中,标准无处不在,无时不有,可以说,标准占据着我们生活的方方面面。那么,到底何谓"标准"?其定义是怎么样的?对此,古今中外的思想家们众说纷纭,意见不一。

翻开中国最大的综合性辞典《辞海》,可以发现其把"标准"定义为两层含义:其一是衡量事物的准则;其二是榜样和规范。而在美国著名的《韦氏词典》中,其对"标准"(standard)的界定则为:①something established by authority, custom, or general consent as a model or example(基于权威,习惯或是普遍认同基础上的样品或规范);②something setup and established by authority as a rule for the measure of quantity, weight, extent, value, or quality(由权威机构制定的规范,用来量度数量、重量、长度、价格或质量)。可见,二者之间存在一定差异。而颇具权威性的《布莱克法律大辞典》对"标准"一词也有两个解释:一是指由习惯所接受的作为正确的模式;二是测量可接受性、质量及精度的水准。

关于"标准",国际标准化组织(ISO)的标准化原理委员会(STACO)有着更为深刻的认识,该机构一直致力于标准化基本概念的研究,先后以指南的形式给"标准"的定义做出了统一规定。1991年,ISO与IEC联合发布第2号指南《标准化与相关活动的基本术语及其定义》(1991年第6版),该指南给"标准"定义如下:"所谓标准,是指一般可以公开获取的技术方面的说明书以及其他的文件;它是以科学、技术以及从经验中获取的综合成果为基础,在所有相关者的协作下,统一意见,或者达到全面认可的情况下制定出来的。其目的是为了促进最合理的社会性的便利,并且由国内的、区域的、或者国际的具有合法资格的机构所批准。"并且该指南进一步说明:"标准应建立在科学技术和实践经验的综合成果基础上,并以促进最佳社会效益为目的。"该定义明确地阐述了能够被广泛接受的关于标准的目的、基础、对象、本质和作用等方面的理解,又由于它具有国际权威性和科学性,所以是目前最为广泛接受和遵循的一种理解,尤其对于ISO和IEC成员来说,这种遵循已经成为一种义务。

我国对标准的定义也有一定的过程。国家标准 GB/T 3935.1-83 对标准的定义："标准是对重复性事物和概念所做的统一规定，它以科学、技术和实践经验的综合为基础，经过有关方面协商一致，由主管机构批准，以特定的形式发布，作为共同遵守的准则和依据。"

GB/T 20000.1-2002《标准化工作指南 第 1 部分：标准化和相关活动的通用词汇》中对标准的定义是："为了在一定范围内获得最佳秩序，经协商一致制定并由公认机构批准，共同使用的和重复使用的一种规范性文件。"

总之，标准是由一个公认的机构制定和批准的文件。它对活动或活动的结果规定了规则、导则或特殊值，供共同和反复使用，以实现在预定领域内最佳秩序的效果。

但我们必须了解"标准"的核心，从系统论的视角来看，应具有以下几方面的含义：

（1）标准的本质属性是一种"统一规定"。这种统一规定是作为有关各方"共同遵守的准则和依据"而出现的。根据中华人民共和国标准化法的规定，我国标准分为强制性标准和推荐性标准两类。强制性标准必须严格执行，做到全国统一。推荐性标准国家鼓励企业自愿采用。但推荐性标准如经协商，并计入经济合同或企业向用户做出明示担保，有关各方则必须执行，做到统一。

（2）标准制定的对象是重复性的事物和概念。这里讲的"重复性"指的是同一事物或概念反复多次出现的性质。例如，批量生产的产品在生产过程中的重复投入、重复加工、重复检验等；同一类技术管理活动中反复出现同一概念的术语、符号、代号等被反复利用；等等。只有当事物或概念具有重复出现的特性并处于相对稳定时，才有制定标准的必要，使标准作为今后实践的依据，以最大限度地减少不必要的重复劳动，又能扩大"标准"重复利用的范围。

（3）标准产生的客观基础是"科学、技术和实践经验的综合成果"。这就是说标准既是科学技术成果，又是实践经验的总结，并且这些成果和经验都是在经过分析、比较、综合和验证基础上，加以规范化，只有这样制定出来的标准才能具有科学性。

（4）制定标准的过程要"经有关方面协商一致"，即制定标准要发扬技术民主，与有关方面协商一致，做到"三稿定标"：征求意见稿—送审稿—报批稿。如制定产品标准不仅要有生产部门参加，还应当有用户、科研、检验等部门参加，共同讨论研究，"协商一致"，这样制定出来的标准才具有权威性、科学性和适用性。

（5）标准文件有其自己的一套特定格式和制定、颁布的程序。标准的编写、印刷、幅面格式和编号、发布的统一，既可保证标准的质量，又便于资料管理，体现了标准文件的严肃性。所以，标准必须"由主管机构批准，以特定形式发布"。标准从制定到批准发布的一整套工作程序和审批制度，是使标准本身具有法规特性的表现。

二、标准化的概念

（一）标准化的含义

与对"标准"的概念争论一致，学界对"标准化"这一概念也是众说纷纭、意见不一。目前，国际、国内不同的机构和学者均给出了其不同的定义。

譬如，国际标准化组织认为，所谓标准化，"主要是对科学、技术与经济领域内重复使用的问题给予解决方法的活动，其目的在于获得最佳秩序。一般来说，包括制定、发布与实施标准的过程"。

而英国学者桑德斯则认为："标准化是为了所有有关方面的利益，特别是为了促进最佳的经济，并适当考虑产品的使用条件与安全要求，在所有有关方面的协作下，进行有秩序的特定活动所制定并实施各项规定的过程。标准化的重要意义在于改进产品、过程和服务的使用性，以便技术协作，消除贸易壁垒。"

我国1983年在GB3935《标准化基本术语》中则将"标准化"定义为：在经济、技术、科学及管理等社会实践中，对重复性事物或概念，通过制定、发布和实施标准，达到统一，以获得最佳秩序和社会效益。此后，在GB/T 20000.1-2002《标准化工作指南 第1部分：标准化和相关活动的通用词汇》中对标准化的定义是："**为了在一定范围内获得最佳秩序，对现实问题或潜在问题制定共同使用和重复使用的条款的活动。**"

关于"标准化"的核心，国家标准认为，具有以下几方面的含义：

（1）标准化是一项活动过程，这个过程是由三个关联的环节组成，即制定、发布和实施标准。标准化三个环节的过程已作为标准化工作的任务列入《中华人民共和国标准化法》的条文中。《标准化法》第3条规定："**标准化工作的任务是制定标准、组织实施标准和对标准的实施进行监督。**"这是对标准化定义核心内涵的全面、清晰的概括。

（2）标准化活动过程在深度上是一个永无止境的循环上升过程，即制定标准，实施标准，在实施中随着科学技术进步对原标准适时进行总结、修订、再实施；每循环一周，标准就上升到一个新的水平，充实新的内容，产生新的效果。

（3）标准化活动过程在广度上是一个不断扩展的过程。如，过去只制定产品标准、技术标准，现在又要制定管理标准、工作标准；过去标准化工作主要在工、农业生产领域，现在已扩展到安全、卫生、环境保护、交通运输、行政管理、信息代码等领域。标准化正随着社会科学技术的进步而不断地扩展和深化自己的工作领域。

（4）标准化的目的是"获得最佳秩序和社会效益"。最佳秩序和社会效益可以体现在多方面，如，在生产技术管理和各项管理工作中，按照GB/T 19000建立质量保证体系，就可以：保证和提高产品质量，保护消费者和社会公共利益；简化设计，完善工艺，提高生产效率；扩大通用化程度，方便使用、维修；消除贸易壁垒，扩大国际贸易和交流；等等。应该说明，定义中"最佳"是从整个国家和整个社会利益来衡量，而不是从一个部门、一个地区、一个单位、一个企业来考虑的。尤其是环境保护标准化和安全、卫生标准化主要是从国计民生的长远利益来考虑的。在开展标准化工作过程中可能会遇到贯彻一项具体标准对整个国家会产生很大的经济效益或社会效益，而对某一个具体单位、具体企业在一段时间内可能会导致一定的经济损失。但为了整个国家和社会的长远经济利益或社会效益，我们应该充分理解和正确对待"最佳"的要求。

（二）标准化的内容

所谓标准化，其实质就是一个包括制定标准、实施标准等内容的活动过程，而标准化活动是为了避免浪费、提高效率和有秩序地进行生活及工作，由有关方面的人协商，把那些合适的"规定"和目标定为标准（通常称为规格、标准、规定等），并通过各方面共同遵守而取得效果的活动。标准化的目的在于获取秩序和效益，具体来说包括以下五个方面的内容：

（1）标准化不是一个孤立的事物，而是一项有组织的活动过程。主要活动就是制定标准、实施标准，进而修订标准、再实施标准，如此反复循环，螺旋式上升，每完成一次循环，标准化水平就提高一步。

（2）标准是标准化活动的成果。标准化的效能和目的都要通过制定和实施标准来体现。所以，制定各类标准、组织实施标准和对标准的实施进行监督或检查构成了标准化的基本任务和主要活动内容。

（3）只有当标准在实施中付诸共同与重复实施之后，标准化的效果才能表现出来，绝不是制定一个或一组标准就可以的；有再多、再好、水平再高的标准或标准体系，如果没有共同与重复运用，也就没有效果。因此，标准化的全部活动中，"化"是实施标准十分重要的环节，这一环节中断，标准化循环发展过程也就中止，更谈不上"化"了。

（4）标准化的对象和领域都在不断地扩展和深化着。如，过去只制定产品标准、技术标准，现在又要制定管理标准、工作标准和服务标准；过去主要在工、农业生产领域，现在又要制定管理安全、卫生、环境保护、人口普查、行政管理、第三产业等领域标准；过去只对实际问题进行标准化，现在还要对潜在的问题实行标准化。这充分说明，标准化正随着社会客观需要不断地发展和深化着，并且有相对性。标准化的这种相对性表现在标准化与非标准化的互相转化上，非标准事物中有标准化的因素，标准的事物中也应允许非标准事物的存在，使其适合社会多样化的需要。

（5）标准化的目的和重要意义就在于，改进活动过程和产品的使用性，提高活动质量、过程质量和产品质量，同时达到便于交流和协作、消除经济贸易壁垒。

总之，标准化的内容包括标准制定、实施、监督和持续改进以及有效性评价等。

（三）标准化的属性

一般而言，标准化的本质属性是生产力，具体体现在三个方面：

（1）标准化具有社会属性。社会秩序离不开规范，即社会应对发生作用的过程或实践结果进行规范，但只有那些为社会承认、被社会公众接受的规范，才能形成秩序，也就是说社会秩序的建立和维护离不开规范。标准产生于自然规律、科学技术和实践经验，是人类对社会文明的归纳和总结，**是规范的最高表现形式**。标准化的目的是，在社会某一领域里创造最佳的秩序和获得最好的社会效益，以达到社会秩序的最佳状态。由此可见，**标准化来自社会更是反哺社会的活动。**

（2）标准化具有经济属性。市场经济的主体是企业，标准化实施过程的主体也是企业。诸多成功企业的实践表明："标准化能否在市场竞争中发挥作用，决定于标准化在企业的地位和存在价值；单就市场竞争而论，标准化的作用简单地说就是能够赢得市场竞争。"企业在市场经济中的标准化活动形成了标准化经济。广义的标准化经济是指一切严格执行标准化的经济领域和经济活动；狭义的标准化经济是指以先进技术指标作为全面衡量产品、贸易、服务、管理的统一质量认证系统的现代产业经济。标准化经济是科技飞速发展、市场经济高度发达的产物，体现了社会化和国际化的要求，可以视为知识经济的一个新形态和新范畴。它对整个经济的增长和经济结构的提升起着重要作用。

（3）标准化具有法律属性。所谓法律属性，是指劳动关系双方的利益关系是建立在法律基础上的，受到法律的制约和保护。市场经济主体之间进行的各种商品交换和经济往来，往往是通过契约的形式来实现的。我国施行的《合同法》明确规定，合同的内容中要包括质量的要求，而标准就是衡量产品质量合格与否的主要依据。合同要明确规定产品质量达到什么标准，并以此作为供需双方检验产品质量的依据。这样，供需双方在产品质量问题上就受到了法律的保护和制约。标准是一种规则、一种规范，更是一种知识产权的载体，因此，标准化的法律地位理所当然地在经济贸易的活动中显现出来。

三、标准的分类

标准具有多种分类。标准的不同分类反映了研究者对标准理论和应用研究的各种独特的视角，在标准研究中具有重要的价值。世界各国对标准划分方法不尽一致，我国常根据标准的约束力、制定主体，以及标准化对象的基本属性、标准信息载体进行划分。

（一）按照标准的约束力划分

按照标准的约束力，我国的标准分为强制性标准和推荐性标准。

1. 强制性标准

强制性标准是运用国家法律强制实施的标准，这种强制性不是标准固有的，而是国家法律所赋予的。目前，我国强制性标准主要包括：保障人体健康、财产安全标准；保证产品技术衔接及互换配套标准；通用试验、检验方法标准；国家需要控制的重要产品的产品标准。具体包括：药品标准，食品卫生标准，兽药标准；产品及产品生产、储运和使用中的安全、卫生标准，劳动安全、卫生标准，运输安全标准；工程建设的质量、安全、卫生标准及国家需要控制的其他工程建设标准；环境保护的污染物排放标准和环境质量标准；重要的通用技术术语、符号、代号和制图方法标准；通用的试验、检验方法标准；互换配合标准；国家需要控制的重要产品质量标准。随着社会的发展，在将来，还会将生态安全、社会公平与社会安全等纳入强制性标准。强制性标准按照作用的范围，分为国家强制性标准、行业强制性标准和地方强制性标准。

2. 推荐性标准

推荐性标准是指倡导性、指导性、自愿性的标准。推荐性标准由企业（或单位）自主决定是否执行；在有些情况下，国家或行业主管部门会制定一些优惠政策，鼓励企业（或单位）采用推荐性标准，或者采取一些约束性措施，如准入制、许可制、等级制等，引导企业（或单位）采用推荐性标准。企业（或单位）采用推荐性标准的动力一般来自市场或服务对象的要求，以及企业（或单位）竞争与发展的需要。对服务对象来说，企业（或单位）一旦采用了推荐性标准，该推荐性标准对该企业（或单位）就有了相应的法律约束力。

3. 世界贸易组织的相关约束力标准介绍

技术法规和标准是世界贸易组织在《世界贸易组织贸易技术壁垒协议》中的约束力标准。其中，"技术法规"是指强制性文件，体现国家对贸易的干预；"标准"仅指自愿性标准，反映市场对贸易的需求。

（1）技术法规

技术法规是指规定技术要求的法规。WTO/TBT的定义是："强制执行的规定产品特性或相应加工和生产方法（包括可适用的行政或管理规定在内）的文件。技术法规也可以包括或专门规定用于产品、加工或生产方法的术语、符号、包装、标志或标签要求"。

技术法规直接规定技术要求，或者通过引用标准、技术规范或规程来规定技术要求，也可以将标准、技术规范或规程的内容纳入技术法规中。

技术法规可附带技术指导，列出了符合技术法规要求可采取的某些途经，即权益性条款。

（2）标准

WTO/TBT的定义是："由公认机构批准的、非强制性的、为了通用或反复使用的目的，为产品或相关加工和生产方法提供规则、指南或特性的文件。标准也可以包括或专门规定用于产品、加工或生产方法的符号、包装、标志或要求。

注：……ISO/IEC指南2定义的标准可以是强制性的，也可以是自愿性的。本协议中标准为自愿性文件，技术法规定义为强制性文件。"

4. 欧盟相关约束力标准介绍

欧盟标准由欧盟技术法规和欧盟协调标准构成。欧盟指令规定的是"基本要求"，即商品在投放市场时必须满足的保障健康和安全的基本要求。

（1）欧盟技术法规

欧盟技术法规通常由欧盟委员会提出，经欧盟理事会和欧洲议会讨论通过后颁布实施。欧盟技术法规是指强制执行的、规定产品特性或相应加工和生产方法包括可适用的行政管理规定，技术法规也可以包括或专门规定用于产品、加工或生产方法的术语、符号、包装、标志或标签要求。技术法规在国际贸易中起着举足轻重的作用，它是发达国家构筑技术性贸易壁垒的重要手段。欧盟技术法规主要是以法令、指令决议等形式颁布实施的涉及安全、健康、卫生、环保等内容的强制性文件。

需要特别指出的是：在欧盟技术法规中的新方法指令则是欧盟技术法规的一个重要组成部分。在欧盟统一市场建立过程中，为减少内部自由贸易障碍，消除贸易技术壁垒，规范和协调其成员之间的技术法规和标准，同时为克服原有技术法规（指令）存在的技术性要求过于具体、制定时间长、通过生效条件过高等缺点，欧盟颁布、实施了《技术协调和标准化新方法》，并相继出台了一系列指令，即新方法指令，它在商品自由流通的法律框架内，分清了欧共体立法机构和欧洲标准化机构之间的职责。

（2）欧盟协调标准

欧盟"协调标准"是指由欧洲标准化委员会、欧洲电工标准化委员会和欧洲电信标准化组织根据欧盟委员会与各成员国商议后发布的命令制定并批准实施的欧洲标准。

协调标准制定的程序是公开透明的，并且建立在所有利害关系方意见一致的基础上，同时欧洲标准化组织（CEN）的规定，各成员国必须将协调标准转换成国家标准，并撤销有悖于协调标准的国家标准。协调标准会在欧共体官方公报上发布，并指明与其相对应的新方法指令。制造商的产品只要符合由官方公报公布、且已被转化为国家标准的协调标准，即可推定该产品符合相应的欧盟指令的基本要求。

执行协调标准是一种自愿性行为，制造商可以自由选择采用任何其他技术方法来确保符合基本要求。

（二）按照标准的制定主体划分

按照标准制定的主体，标准分为国际标准、区域标准、国家标准、行业标准、地方标准和企业标准。

1. 国际标准

国际标准是指国际标准化组织（ISO）、国际电工委员会（IEC）和国际电信联盟（ITU）制定的标准，以及国际标准化组织确认并公布的其他国际组织制定的标准。国际标准在世界范围内统一使用。

"国际标准化组织确认并公布的其他国际组织制定的标准"包括两层含义：一是可以制定国际标准的"其他国际组织"，并经 ISO 认可公布的国际组织；二是该组织制定的、经过 ISO 确认并列入 ISO 国际标准年度目录中的标准才是国际标准。两个条件缺一不可。

国际标准包括两部分：第一部分是三大国际标准化组织 ISO、IEC、ITU 制定的标准，分别为 ISO 标准、IEC 标准和 ITU 标准；第二部分是其他国际组织制定的标准，如食品法典委员会制定的 CAC 标准、国际法制计量组织制定的 OIML 标准等。

除了上述正式国际标准外，还有"事实上的国际标准"。一些国际组织、专业组织和跨国公司制定的标准在国际经济技术活动中，客观上起着国际标准的作用。如：由奥地利纺织研究院设计、由国际纺织品生态学研究与检测协会颁布的 OKO-TEX100 标准是目前国际上较有影响、使用最广泛、最具权威性的生态纺织品标准；由皮尔斯伯公司联合美国国家航空航天局和美国一家军方实验室（Natick 地区）共同制定的食品危害分析和关键控制点标准 HACCP 已成为国际食品行业普遍采用的食品安全管理标准。

2. 区域标准

区域标准又称地区标准，泛指世界某一区域标准化组织所通过并公开发布的标准。目前比较有影响的区域标准主要有 CEN 标准、CENELEC 标准、ETSI 标准、欧洲广播联盟（EBU）标准、太平洋地区标准会议（PASC）标准、亚洲标准咨询委员会（ASAC）标准、东盟（ASEAN）标准与质量咨询委员会（ACCSQ）标准、非洲地区标准化组织（ARSO）标准、亚洲大洋洲开放系统互联研讨会（AOW）标准等。

3. 国家标准

国家标准是指由国家标准化机构通过并公开发布的标准。目前我国的国家标准由以下组成（见表 1-1）：

表 1-1　我国的国家标准类别

代码	标准类别	代码	标准类别	代码	标准类别
GB	国家标准	GWPB	国家污染物排放标准	GHZB	国家环境质量标准
JJF	国家计量技术规范	GWKB	国家污染物控制标准	GBJ	工程建设国家标准
JJG	国家计量检定规程	GBn	国家内部标准	GJB	国家军用标准

4. 行业标准

行业标准是指由行业组织通过并公开发布的标准。工业发达国家的行业标准由民间组织行业协会制定，种类繁多，数量庞大，这类标准又称行业协会标准。我国的行业标准，由国家有关行政主管部门，根据现行我国标准化法的规定，对没有国家标准而又需要在全国统一技术要求的某个行业，制定并公开发布。

目前，我国的行业标准分为 61 个类别（见表 1-2）：

表 1-2　我国的行业标准类别

代码	标准类别	代码	标准类别	代码	标准类别
ZY	中医药行业标准	YB	黑色冶金行业标准	YC	烟草行业标准
YD	通信行业标准	YS	有色冶金行业标准	YY	医药行业标准
YZ	邮政行业标准	XB	稀土行业标准	WS	卫生行业标准
WB	物资行业标准	WM	外贸行业标准	WH	文化行业标准
TB	铁道行业标准	TD	土地行业标准	SY	石油行业标准
SN	商品检验行业标准	SL	水利行业标准	SJ	电子行业标准
SH	石油化工行业标准	SC	水产行业标准	SB	商业行业标准
QX	气象行业标准	QJ	航天行业标准	QC	汽车行业标准
QB	轻工业行业标准	NY	农业行业标准	MZ	民政行业标准
MT	煤炭行业标准	MH	民用航空行业标准	GH	供销合作行业标准

(续表)

代码	标准类别	代码	标准类别	代码	标准类别
LY	林业行业标准	LD	劳动行业标准	LB	旅游行业标准
JY	教育行业标准	JR	金融行业标准	JT	交通行业标准
JG	建筑行业标准	JC	建材行业标准	JGJ	建筑行业工程建设规程
JB	机械行业标准	HS	海关行业标准	HJ	环保行业标准
HY	海洋行业标准	HG	化工行业标准	HGJ	化工行业工程建设规程
HB	航空行业标准	GA	公安行业标准	GY	广播电影电视行业标准
FZ	纺织行业标准	EJ	核工业行业标准	DZ	地质行业标准
DL	电力行业标准	DB	地震行业标准	DA	档案行业标准
CY	新闻出版行业标准	CJ	城建行业标准	CJJ	城建行业工程建设规程
CH	测绘行业标准	CB	船舶行业标准	CECS	工程建设推荐性标准
BB	包装行业标准				

5. 地方标准（DB）

地方标准是指在国家的某个地区通过并公开发布的标准。我国的地方标准，由省、自治区、直辖市标准化行政主管部门，根据现行我国标准化法的规定，对没有国家标准和行业标准，而又需要在省、自治区、直辖市范围内统一的工业产品安全、卫生要求，进行统一规定。

DB 地方标准，各省市地方标准代码（见表1-3）：

表1-3 我国各省市地方标准代码

名称	代码	名称	代码	名称	代码	名称	代码
北京市	DB11	天津市	DB12	河北省	DB13	山西省	DB14
内蒙古	DB15	辽宁省	DB21	吉林省	DB22	黑龙江省	DB23
上海市	DB31	江苏省	DB32	浙江省	DB33	安徽省	DB34
福建省	DB35	江西省	DB36	山东省	DB37	河南省	DB41
湖北省	DB42	湖南省	DB43	广东省	DB44	广西	DB45
海南省	DB46	四川省	DB51	贵州省	DB52	云南省	DB53
西藏	DB54	陕西省	DB61	甘肃省	DB62	青海省	DB63
宁夏	DB64	新疆	DB65	重庆市	DB50	台湾省	DB71

6. 企业标准（Q）

企业标准是指由企业制定，并由企业法人代表或其授权人批准、发布的标准。

企业标准与其他标准有着本质的区别。首先，企业标准，尤其是含有技术创新的企业标准，是企业抢占市场先机的重要手段，是企业巨大的无形资产；其次，企业标准如何制定，在遵守法律的前提下，完全由企业自己决定；第三，企业标准采取什么形式、规定什么内容，以及标准制定的时机，完全依据企业本身的需要和市场、客户的要求，由企业自己决定。此外，在已有国家标准、行业标准或地方标准的情况下，国家鼓励企业自己制定严于国家标准、行业标准或地方标准的企业标准。

（三）按照标准化对象的基本属性划分

按照标准化对象的基本属性，标准分为技术标准、管理标准和工作标准。三者之间的区别是相对的，技术标准中会涉及管理标准、工作标准，管理标准会含有技术标准与工作标准的部分内容，工作标准中可能会用到技术标准和管理标准。

1. 技术标准

技术标准是指对标准化领域需要统一、协调的技术事项所指定的标准。技术标准是标准体系的主体，量大、面广、种类繁多。技术标准的形式可以是标准、技术规范、规程等文件，以及标准样品实物。技术标准包括基础标准、产品标准、设计标准、工艺标准等10类。

（1）基础标准

基础标准是具有广泛适用范围或包含一个特定领域的通用条款的标准。基础标准可以直接应用，也可以作为其他标准的基础。主要基础标准有：标准化工作导则；需要共同遵守或某行业全行业需要共同遵守的标准化工作标准，如"标准化工作导则""电子工业技术标准制修订工作有关规定和要求"等。常见的基础标准有：

■ 通用技术语言标准。为使技术语言达到统一、准确和简化，便于相互交流和正确理解而制定的标准。如术语、符号、代号、代码、标志标准，技术制图标准等。

■ 数据与量纲标准。为保持数据、量纲的统一和可交换性，对数据、量纲等进行统一规范而制定的标准。

■ 结构要素和互换互连标准。如公差配合、表面质量要求、标准尺寸、螺纹、齿轮模数、标准锥度、接口标准等。这类标准对保证零部件互换性和产品间的互连互通，简化品种，改善加工性能等都具有重要作用。

■ 参数系列标准。如优先数系、尺寸配合系列、产品参数、系列型谱等。这类标准对于合理确定产品品种规格，做到以最少品种满足多方面需要，以及规划产品发展方向，加强各类产品尺寸参数间的协调等具有重要作用。

■ 环境适应性、可靠性、安全性标准。这类标准对保证产品适应性和工作寿命以及人身和设备安全具有重要作用。

■ 通用技术方法标准。如试验、分析、抽样、统计、计算、测定等各种方法标准，信息技术、人类工效学、价值工程和工业工程等方面的通用技术方法标准等。这类标准对各有关方法的优化、严密化和统一化等具有重要作用。

（2）产品标准

产品标准是指为满足市场或顾客需求，以保持产品适用性，对产品结构、规格、质量和检验方法所做的技术规定。

产品标准主要是规定产品质量要求，包括工艺要求、性能要求、适应性要求、使用技术条件、检验方法，以及包装、标签、运输要求等。

产品标准根据其规定的是全部还是部分的必要要求，分为完整标准和非完整标准。产品的标准可以是一个标准，也可以由若干标准组成。为满足市场或顾客不同的需求，产品标准还可以对产品进行分级。

产品标准与工艺标准、设计标准不同，主要是规定产品的性能与使用要求，而不是规定产品的工艺与设计要求。

(3) 设计标准

设计标准是指为保证与提高产品设计质量，对设计的过程、程序、方法、技术手段等进行规定。

设计标准的任务是将顾客的期望和要求转化为产品标准。包括与产品相关的原料、材料、外购件等技术标准，同时还包括图纸、图样、工艺流程、工艺规范等技术文件，并对样品试制、小批量试制作评价与验收的规范，最终完成产品定型。

设计标准包括：

■ 设计图形、符号、代号、术语标准。

■ 设计准则、专业设计规范，如设计项目任务书的格式与要求，以及设计评审、设计验证、设计确认的程序和要求，设计参数与数据标准，设计计算方法标准，设计的工程施工及验收规范，设计中用于评价产品和工序的试验方法和验收规则。

■ 设计文件标准，如设计图纸与文件的格式，设计文档的完整性，设计文件编号。

■ 计算机辅助设计及设计软件标准。

(4) 工艺标准

工艺标准是指依据产品标准要求，对产品实现过程中原材料、零部件、元器件进行加工、制造、装配的方法，以及有关技术要求进行规定的标准。其作用是使得生产过程固定、稳定，以生产出符合规定要求的产品。

工艺标准包括：

■ 工艺基础标准，如工艺符号、代号、术语标准，工艺分类编码标准，工艺文件标准，工艺余量标准（如毛坯余量、工序余量）等。

■ 工艺流程，包括工艺流程图。

■ 工艺规程，如专用工艺规程、通用工艺规程、标准工艺规程，工艺配方、工艺参数、工艺质量指标，工艺卡、工艺操作规范，特殊工序工艺标准等。

■ 工序能力标准，即对工序能力进行规定的标准，工序能力是指操作者、机器设备、原材料、操作方法、测量方法和环境等在标准条件下，工序呈稳定状态时所具有的实际加工能力。

■ 工序控制标准，即对工序控制进行规定的标准，工序控制是生产质量的基本职能，按工艺流程要求安排好工序检验，通过各种方法判定工序质量是否符合规定标准，质量数据波动是否合理，工序是否处于稳定状态。

（5）检验和试验标准

检验是指通过观察和判断，适当结合测量、试验所进行的符合性评价。检验的目的是判断是否合格。针对不同的检验对象，检验标准分为进货检验标准、工序检验标准、产品检验标准、设备安装交付验收标准、工程竣工验收标准等。

试验是按照程序确定一个或多个特性。试验的目的是在规定的条件下，按照规定的程序和方法，准确地确定产品特性及各项性能参数。试验标准是指与试验方法有关的标准，有时附有与测试有关的其他条款，例如抽样、统计方法的应用，实验步骤。

检验和试验标准通常分为检验和试验方法标准以及检验、试验、监视、测量设备标准两类。

检验试验方法标准，包括抽样方法、试样采制、试剂和标准样品、检验和试验使用的仪器，以及试验条件、检验和试验的程序、检验和试验的结果、统计和数值计算方法、合格判定的原则、质量水平评价的方法等。

检验、试验、监视、测量设备标准，包括这些设备、仪器、装置的性能、量程、偏移、精密度、稳定性、使用的环境等质量要求，设备的操作规程和安装使用程序，计量仪器的检定、校准、校准状态、标识、调整、调整、修理，以及搬运和储存等方面的技术要求。

（6）设备标准

设备标准是指对生产经营活动和产品质量特性起重要作用的设施和设备制定的标准，即厂房、供电、供热、供水、供压缩空气、产品运输及储存设施等标准，以及产品制造过程中所使用的通用设备、专用工艺设备（刀具、夹具、模具、工位器具等）、工具和其他生产器具标准。

设备标准包括基础设施与能源标准，设备及主要备件标准，设备操作规程和设备维护、保养规程，工艺装备标准。

（7）卫生标准

卫生标准主要包括医药卫生标准和职业健康标准。

医药卫生标准，主要包括药品、医疗器械、环境卫生、劳动卫生、食品卫生、营养卫生、卫生检疫、药品生产以及各种疾病诊断标准等。

职业健康标准，是指为了消除、限制或预防职业活动中危害人体健康的因素而制定的标准，其目的和作用是为了保护劳动者的健康。预防职业病。职业健康标准包括作业场所粉尘、污染物等有毒、有害物质的浓度限量标准，噪音与振动控制标准，辐射防护标准，气温异常防护标准，生物危险防护标准等。

（8）安全标准

安全是一种状态，即通过持续的危险识别和风险管理过程，将人员伤害或财产损失的风险降低至并保持在可接受的水平或其以下。安全标准化，考虑的是产品、过程或服务的安全问题，着眼于实现诸如人类行为等非技术因素在内的若干因素的最佳平衡，把损害人员和物品的可避免的风险降低到可接受的程度。

安全标准是指为了消除、限制或预防产品生产、运输、储存、使用或服务提供中潜在的危险因素，避免人身伤害和财产损失而制定的标准。主要有：

通用安全标准，包括安全管理通用标准、安全标志和报警信号标准、危险和有害因素分类分级标准。

安全工程标准，包括机械安全标准、电气安全标准、燃气安全标准、消防安全标准、防爆安全标准、爆破安全标准、储运安全标准、建筑安全标准、信息安全标准等。

生产过程安全标准，包括安全操作规程、设备安全标准、特殊工作环境（矿井、高温、易燃易爆环境等）安全标准等。

产品安全标准和安全防护用品标准。

(9) 环境标准

环境标准的目的和作用是保证产品质量，保护工作场所内工作人员的职业健康安全，防止企业危害生态环境安全，以及履行企业的社会责任。按照"环境"所指范围，环境标准分为社会环境和企业环境。

社会环境标准是一个庞大的标准体系，分为基础环境标准、环境质量标准、污染物排放标准和分析测试方法标准等。

企业环境标准分为工作场所环境（小环境）标准和企业周围环境（大环境）标准。

工作场所环境标准包括：与产品质量密切相关的环境要求，如温度、湿度、空气清洁度等；与现场工作人员的健康和安全密切相关的环境要求，如粉尘、噪音、有毒有害气体、电磁辐射等。企业周围环境标准包括大气、水等环境质量标准，各种污染物排放标准，以及环境监测标准。

(10) 其他标准

其他标准主要是指信息标识、包装、搬运、储存、安装、交付、维修、服务等标准。

2. 管理标准

对标准化领域中需要协调、统一的管理事项所制定的标准，称为管理标准。制定管理标准的目的是为合理组织、利用和发展生产力，正确处理生产、交换、分配和消费中的相互关系及科学地行使计划、监督、指挥、调整、控制等行政与管理机构的职能。通过管理标准化，有利于建立协调、高效的管理秩序，有利于管理经验的总结、提高、普及、延续，有利于实行按"例外管理原则"（企业的高级管理人员把一般的日常事务授权给下级管理人员去处理，自己只保留对例外事项即重要事项的决策和监督权，如有关重大政策的决定和重要人事的任免等）管理作业，有利于实现依法管理。

在企业中，管理活动常涉及的有经营管理、设计开发与创新管理、质量管理、设备与基础设施管理、人力资源管理、安全管理、职业健康管理、环境管理、信息管理、财务管理等。

管理标准常分为生产组织标准和管理业务标准两大类。生产组织标准，是为合理组织生产过程和安排生产计划而制定的，包括生产能力标准、资源消耗标准，以及对生产过程进行计划、组织、控制的方法、程序和规程等。管理业务标准，依据管理目标和相关管理环节的要求，对其业务内容、职责范围、工作程序、工作方法和必须达到的工作质量、考核奖惩办法所规定的准则，例如计划供应、销售、财务等。

管理标准按照标准化行为可分为技术管理标准、生产组织标准、经济管理标准、行政管理标准、业务管理标准和工作管理标准等；按照标准化对象性质分为管理基础标准、技术管理标准、经济管理标准、行政管理标准等；最常见的是按照管理过程分为管理基础标准、管理方法标准、管理工作标准、生产管理标准、过程管理标准。

（1）管理基础标准，是指在一定范围内以管理活动的共性因素为对象所制定的标准。

（2）管理方法标准，是指以管理方法为对象所制定的标准，包括决策方法、计划方法、组织方法、行政管理方法、经济管理方法、法律管理方法等。

（3）管理工作标准，是指以管理工作为对象所制定的标准，主要包括工作范围、内容和要求，与相关工作的关系，工作条件，工作人员的职权与必备条件，工作人员的考核、评价及奖惩办法等。

（4）生产管理标准，是指以生产管理事项为对象而制定的标准。从广义上来讲，生产管理标准的内容很广，涉及生产管理过程中的各个环节和各个方面。例如：生产经营计划管理、产品设计管理、生产工艺管理、生产组织与劳动管理、定额管理、质量管理、设备管理、物资管理、能源管理和销售管理等。从狭义上来说，生产管理标准仅涉及与产品加工、制造和装配等活动直接相关的生产组织和劳动管理等方面。

（5）过程管理标准，是指对生产过程中的管理事项所做的统一规定，一般包括生产计划、工作程序、方法的规程，生产组织方法和程序的规程，生产管理控制方法规程等。

此外，管理标准按照标准化内容还可以分为管理体系标准、管理程序标准、定额标准、期量标准。

（1）管理体系标准，通常是指 ISO9000 质量管理体系标准、ISO14000 环境管理体系标准、OHSAS18000 职业健康安全管理体系标准，以及其他管理体系标准。

（2）管理程序标准，通常是在管理体系标准的框架结构下，对具体管理事务（事项）的过程、流程、活动、顺序、环节、路径、方法的规定，是管理体系标准的具体展开。

（3）定额标准，是指在一定时间、一定条件下，对生产某种产品或进行某项工作消耗的劳动、物化劳动、成本或费用进行数量限额规定。定额标准是进行生产管理和经济核算的基础。定额标准常分为劳动定额标准和物资消耗定额标准。

（4）期量标准，是指在生产管理中，关于期限和数量方面的标准。在生产期限方面，主要有流水线节拍、节奏、生产周期、生产间隔期、生产提前期等标准；在生产数量方面，主要有批量、在制品定额等标准。

3. 工作标准

工作标准是指为实现整个工作过程的协调、提高工作质量和效率，对工作岗位制定的标准。

工作标准按照工作岗位性质分为生产岗位标准和管理岗位标准，按照标准化内容分为岗位标准和作业标准。

岗位标准，主要规定工作岗位的工作内容、工作职责和权限，本岗位与组织内部其他岗位纵向和横向联系，本岗位与外部联系，岗位工作人员的能力和资格要求等。岗位标准通常分为岗位职责标准和资质资格标准。岗位职责标准规定相应岗位的具体职责，资质资格标准确定组织或个人所具有的技术能力，即资质资格等级。

作业标准，其核心内容是规定作业程序和方法。在有的企业，这类标准常以作业指导书或操作规程的形式存在。作业指导书规定各具体岗位的工作内容和作业方法，其目的和作用是告诉人们怎样正确地做好一个岗位上的工作。作业标准包括岗位环境、位置、设施、设备、工具，生产、加工或装配对象，以及工作顺序、操作方法、作业动作、对加工产品或工作结果的检查、合格判定准则等。操作规程规定各专业工种的通用操作程序和方法，其目的和作用是告诉人们怎样正确地做好一项专业技术操作工作，如电工操作规程、电焊工操作规程等。

（四）按照标准信息载体划分

按照标准的信息载体，标准分为标准文件和标准样品。标准文件的作用是提出要求或做出规定，作为某一领域的共同准则；标准样品的作用是提供实物，作为质量检验、鉴定的对比依据，测量设备检定、校准的依据，以及作为判断测试数据准确性和精确度的依据。

1. 标准文件

（1）标准文件的形式

标准文件的形式包括标准、技术规范、规程，以及技术报告、指南等。

标准，是最基本的规范性文件形式，主要内容是对产品、过程、方法、概念等做出统一规定。ISO的"标准"是由技术委员会（TC）和分技术委员会（SC）按照规定的程序制定，并经成员团体和TC积极成员（P成员）投票通过后，正式发布的文件。

技术规范，是指规定产品、过程或服务应满足的技术要求的文件。适宜时，技术规范宜指明可以判定其要求是否得到满足的程序。技术规范可以是标准、标准的一个部分或与标准无关的文件。ISO的"技术规范"（ISO/TS）是指在ISO技术委员会内部达成一致的文件。ISO的技术委员会或分技术委员会批准某一新工作项目时，可决定将其制定为技术规范先行公布。

规程，是指为设备、构件或产品的设计、制造、安装、维护或使用而推荐惯例或程序的文件。规程可以是标准、标准的一部分或与标准无关的文件。

指南，其特点是文件的内容不作为某一领域共同遵守的准则，而是作为一种专业或行业的指南、指导或参考，或作为企业（组织）内部的一种技术工具或管理工具。

技术报告，其特点是对产品、过程等对象做出详尽的描述，特别是对有关特性给出各项技术数据。在国际贸易中，技术报告可以成为某一行业、区域内共同遵守的准则，可以作为双方、多方一致同意的合同条款，也可以仅仅是一种规范性的技术说明，作为顾客在市场上知情选择的依据。ISO 的"技术报告"（ISO/TR）是指 ISO 提供信息的文件。当 ISO 的技术委员会或分技术委员会在制定国际标准的过程中，对某一项已经做出文件，但还没有达成共识或没有获得国际标准发布所需要的支持时，经正式成员简单多数赞同，就可以将这些信息以技术报告的形式出版，供临时使用。技术报告发布三年内，通过评审决定是否将其转为国际标准。我国国家标准中的"国家标准化指导性技术文件"（代号 GB/Z）就其形式而言，与技术报告类似，就其实施约束力而言，可以认为是推荐性标准。

（2）标准文件的贮存介质

标准文件的贮存介质有普通的纸质文件，以及便于交流的电子介质文件。

2. 标准样品

标准样品是指具有足够均匀的一种或多种化学的、物理的、生物学的、工程技术的或感官的等性能特征，经过技术鉴定，并附有说明有关性能数据证书的一批样品。

标准样品作为实物形式的标准，按其权威性和适用范围，分为内部标准样品和有证标准样品。

内部标准样品，是在企、事业单位或其他组织内部使用的标准样品，其性质是一种实物形式的企业内控标准。如涂料生产企业使用于控制各批产品色差的涂料标样就是一种内部标准样品。内部标准样品可以由组织自行研制，也可以从外部购买。

有证标准样品，是具有一种或多种性能特征，经过技术鉴定，附有说明上述性能特征的证书，并经国家标准化管理机构批准的标准样品。有证标准样品必须经过国家标准化管理机构批准并发给证书，并由经过审核和准许的组织生产和销售。有证标准样品既广泛用于企业内部质量控制和产品出厂检验，又大量用于社会上或国际贸易中的质量检验、鉴定，测量设备检定、校准，以及环境监测等方面。

第二节 标准化作用

标准化的主要作用有：是组织现代化生产的重要手段和必要条件；是合理发展产品品种、组织专业化生产的前提；是企业实现科学管理和现代化管理的基础；是提高产品质量保证安全、卫生的技术保证；是国家资源合理利用、节约能源和节约原材料的有效途径；是推广新材料、新技术、新科研成果的桥梁；是消除贸易障碍、促进国际贸易发展的通行证。标准化的作用从严格意义上讲可以有正面作用和反面作用。

一、标准化的正面作用

(一)标准化已成为现代化大生产的必要条件

标准化可以规范社会的生产活动,规范市场行为,引领经济社会发展,推动建立最佳秩序,促进相关产品在技术上的相互协调和配合。随着科学技术的发展,生产的社会化程度越来越高,技术要求越来越复杂,生产协作越来越广泛。许多工业产品和工程建设,往往涉及几十个、几百个甚至上万个企业,协作点遍布世界各地。这样一个复杂的生产组合,客观上要求必须在技术上使生产活动保持高度的统一和协调一致。这就必须通过制定和执行许许多多的技术标准、工作标准和管理标准,使各生产部门和企业内部各生产环节有机地联系起来,以保证生产有条不紊地进行。

(二)标准化为科学管理奠定了基础

现代生产讲的是效率,效率的内涵是效益。所谓科学管理,就是依据生产技术的发展规律和客观经济规律对企业进行效益管理,而各种科学管理制度的形式,包括实行企业自动化、电算化管理,都以标准化为基础。

(三)标准化是社会经济发展和提高效益的助推器

标准化应用于科学研究,可以避免在研究上的重复劳动;应用于产品设计,可以缩短设计周期;应用于生产,可使生产在科学的和有秩序的基础上进行;应用于管理,可促进统一、协调、高效率等;标准化可以使资源合理利用,可以简化生产技术,可以实现互换组合,为调整产品结构和产业结构创造了条件。所以,标准化是促进经济全面发展、提高经济效益的助推器。

(四)标准化是规范市场秩序和扩大市场的重要手段

首先,标准化可以规范技术秩序,不管是早期无意识的惯例,还是现在有意识的标准化,标准化的实质都是将秩序强加给生产过程,在效率的范围内实现利益的最大化。

其次,标准化规范了商品市场秩序。亚当·斯密曾经指出:"消费是一切生产的唯一目的,生产者的利益,只有在能促进消费者的利益时,才应加以注意。"标准化的出台,可以保障消费者的产品质量,特别是对消费者的人身财产具有重大危险性的产品,制定产品的安全保障标准至关重要。总体上说,标准化保障了消费者的基本安全,增加了消费者的福利。

再次,标准化可以方便消费者,被指定为标准的产品通常是在消费者的心目中具有良好信誉的商品,可以给消费者的购物带来方便。

最后,统一的产品质量可以使产品相互兼容,即方便了消费者又节约了企业的生产成本,促进了经济的发展。

在理清标准化对规范市场秩序作用的同时，我们还意识到标准化对扩大市场的重要作用。生产的目的是为了消费，生产者要找到消费者就要开发市场。标准化不但为扩大生产规模、满足市场需求提供了可能，也为实施售后服务、扩大竞争创造了条件。需要强调的是，由于生产的社会化程度越来越高，各个国家和地区的经济发展已经同全球经济紧密结成一体，标准和标准化不但为世界一体化的市场开辟了道路，也同样为进入这样的市场设置了门槛。

（五）标准化是科研、生产、使用三者之间的桥梁

统一的技术标准对产品研发、生产甚至使用来讲是一个关键的因素。由于无法保证商业研究最终会转化成产品，所以新产品的研发存在很大的风险，如无法确定的消费者喜好、无法预测的市场倾向和技术的发展走势。但是有了统一的技术标准则不同了：只要生产出来的新产品与采用现有技术标准的其他产品兼容，该产品就会有比较稳定的市场。同样，技术标准也大大降低了企业在开发配套产品和发展售后服务时所面临的风险。厂商在生产配套产品时，只要选择支配市场的技术标准，其生产出来的配套产品就可以和已经占领市场的产品相兼容，防止开发无兼容功能产品的巨大浪费，也不用花费精力和金钱再次开发市场：减少了新产品投入市场的成本、缩短了新产品推广的周期、对配套产品的更新换代有促进作用。售后服务的发展也是同样的道理。统一的技术标准还鼓励对现有产品的改进，为产品的附加改进设立最为基本的技术底线（技术标准），企业无须再花费初期开发的成本，还可以依赖现有相关产品的技术水平，进行深入的技术开发。此外，标准化也降低了新企业进入高技术市场的自然障碍，只要企业生产的产品达到技术标准的要求，就可以投入市场。这样，无论是原有的企业还是新加入的企业都会尽量在创新上竞争，在保持同行业标准兼容的同时提高产品的技术底线。

（六）标准化有助于增强国际贸易竞争力

标准化可以增强世界各国的相互沟通和理解、消除技术壁垒、促进国际间的经贸发展，以及科学、技术、文化交流与合作。当前世界已经被高度发达的信息和贸易联成一体，贸易全球化、市场一体化的趋势不可阻挡，而真正能够在各个国家和各个地区之间起到联结作用的桥梁和纽带就是技术标准。《TBT协议》和《SPS协议》又都肯定了国际标准作为技术性措施的合法性，因此将本国标准制定成国际标准，或者将本国的国家标准、行业标准或企业标准推向世界并为各国所公认，就可以在国际贸易中取得优势，先声夺人。从国家的角度来看，如果一国掌握了国际标准的制定权，或者该国的标准转化成了国际标准，则该国就同时拥有了货物贸易（通过国际标准向国家技术标准的转化影响货物进出口）和技术贸易（通过标准技术的许可拥有技术贸易的优势）的垄断地位。通常情况下，单一知识产权影响的只是一个或若干个企业，标准影响的却是一个产业，甚至是一个国家的竞争力。因此，从某种意义上说，得标准者得天下。

(七) 标准化有利于提高质量和保护安全

标准化有利于稳定和提高产品、工程和服务的质量，促进企业走质量效益型发展道路，增强企业素质，提高企业竞争力；保护人体健康，保障人身和财产安全，保护人类生态环境，合理利用资源；维护消费者权益。技术标准是衡量产品质量好坏的主要依据，它不仅对产品性能做出具体的规定，而且还对产品的规格、检验方法及包装、储运条件等相应地做出明确规定。严格地按标准进行生产，按标准进行检验、包装、运输和贮存，产品质量就能得到保证。标准的水平标志着产品质量水平，没有高水平的标准，就没有高质量的产品。

(八) 标准化是法律体系的一部分或者是重要的补充

标准化能够成为法律体系的一部分或者重要的补充，成为侵权或者违约纠纷中重要判定依据之一。有的产品标准直接以技术法规的形式发布，有的产品标准虽然不是正式的法规，但已经成为法律、法规实施不可缺少的必要补充，例如，合同法、产品质量法、消费者权益保护法等法律、法规对产品标准的引用。而大量的环保标准、卫生标准和安全标准制定、发布后，则大多用法律形式强制执行，对保障人民的身体健康和生命财产安全具有重大作用。

二、标准化的负面作用

任何事情都有正、反两方面，标准化虽然促进了竞争，淘汰了一些不合格的产品，有助于这些产品的生产企业改进技术，提高产品质量。但标准化对经济发展有很多积极作用的同时，也因其自身不可避免的缺点对经济发展产生很多负面影响，具体而言，包括以下几个方面。

(一) 标准化增加了部分成本，不利于中小型企业的发展

中小企业是社会经济不可缺少的一部分，也是防止市场垄断、促进自由竞争最重要的力量。但是中小企业在资金、规模、技术、人才等方面都无法与大企业相抗衡，处于相对弱势地位。企业实施标准化战略必然为企业增加了采标成本，主要反映在改型、认证、出差及语言等方面。德国一项研究报告表明被访企业中大约80%的公司采标成本为DM2,500~DM6,000,000。这部分成本支出对于资本实力雄厚、技术力量强大的大企业而言，只属于预算内支出，不会造成不良影响，而对融资渠道困难、技术相对落后的中小企业则是一笔不小的负担。尤其是技术模式和管理模式不同于大企业的中小企业，在标准化过程中容易遭受歧视性待遇。在本行业占主导地位的大企业可以以标准化为借口，设置市场壁垒，拒绝中小企业和革新产品进入市场，从而损害市场的良性竞争。现在事实标准、论坛标准以及合作体标准的标准化制定一般是由行业协会和各大企业参与

完成的。这类标准的制定，一方面提高了标准化效率，降低了标准制定成本，增加了标准的市场适应性，但另一方面又反映了标准制定者的优势和利益，大企业可以在标准化的过程中获得巨大的经济利益，成员企业就有可能利用标准化来限制竞争行为，追逐不当利益。而中小企业在市场竞争中的生存和发展则上受到严重影响，进而减少大企业所面临的竞争威胁，最终降低市场的充分竞争程度，不利于贸易的自由发展。

（二）标准化可能阻碍技术革新

标准化过程中采用的技术可能是最优技术，但不可能是最高水平技术，对于企业来说，企业如果革新技术，就必然会导致企业成本的增加，而且对于消费者来说，消费者的消费习惯和心里默认感可能不会轻易被打破，这些因素都会导致标准化对技术进步的阻碍。德国标准学会主席就此做出了精辟的论述："当标准化放肆地限制创造力火花、毁灭对进步最具推动力的力量的时候，它便是危险和邪恶的。"

（三）标准化的形成，减少了消费者多样性的选择

标准化的形成，会导致消费者选择多样性的减少。统一性本身就是对个体多样性的否定，通过消费者选择多样性的减少，从而限制了消费者对个体多样性的需求。标准化所形成的市场准入门槛，会导致企业成本的增加，而这些增加的成本最终会附加在消费者身上。

（四）标准化的网络效应导致其垄断效应的增强

网络效应是指网络的利用者越多，则构成网络的每一个成员由此得到的利益也就越多。现代产业网络性具有多个格式系统的可能性、技术标准、网络的外部性、用户锁定和转换成本高、兼容性、规模经济等诸多特点，而这些无疑对竞争都有着极其重要的影响。在具有强大网络效应的行业内，抢占先机的先发优势对于竞争具有重要意义，它们往往进入成本比较高，此时，进入厂商刚刚建立了基础设施，却仅有很少量的用户，产品成本十分高昂。但进入之后的边际成本却常常低到可以忽略不计，随着时间的推移，越来越多的客户使得边际成本几乎为零。巨额的网络垄断利润将由先进入的商家获得。因此，标准化的形成可能引发垄断，构成对反垄断法的违反，所以为各国的反垄断法所禁止。标准化的滥用已成为世界各国反垄断法规制的重点。

由此可见，和很多事物一样，标准化是把双刃剑，其在促进社会生产力发展的同时，也可能使得竞争关系更加微妙，对竞争有着限制和阻碍的可能。因此，只有当我们对标准化的限制竞争性进行一定的限制，使其正面效应远远大于其负面效应时，标准化促进生产的命题才能真正成立。

第三节 标准与法规

标准与法规的关系是标准化研究中的一个基础性问题，清楚划分法规与标准的规范对象，对于防止标准制定的泛化、标准的"越权"、以标准的名义实施行政许可推荐产品，妨害公平竞争和市场秩序，推动依法行政、依法治国具有重要的现实意义。

从概念上讲，法规是法律、行政法规和规章的总称，在规定的范围内协调有关活动，调整有关的关系。按照标准的定义，标准是指经有关方面协调一致而形成的一种统一的规定，在约定条件下也起着协调社会活动和调整社会关系的作用。虽然《中华人民共和国标准法》规定的强制性标准可以看作是一种技术法规，但我国的推荐性标准或国外自愿采用的标准本身并不是法规，只有被法规所引用而形成法规的一个组成部分，或被列入合同之后而按合同法执行合同时，才成为必须共同遵守的准则和依据，才能予以强制执行，因而标准起到法规的支持性文件的作用。由此可见，标准与法规既存在相同点，也存在差异点。二者可谓有联系，亦有分歧。

一、标准与法规的相同点

标准和法规的相同点主要表现在：

（一）标准和法规皆具有一定的约束性

约束，即限制，管束、制约和控制等意，是指相关机构、法规、条例和标准等对特定范围内的人及其社会行为所采取的一种保护性措施。在现代法制社会，人们的社会生活与生产活动要符合社会发展规律，达到维护社会发展与和谐、稳定的目的，就必须在相关条例的范围内具有一定的约束性。其中，法规作为一种正式制度，约束性就是其根本属性。在某种程度上，法规权威的实现一方面依赖于国家的强制力，另一方面就在于法律内在的约束力。从一定意义上说，法规权威只有建立在内在约束力的基础上，才是真正的权威，一部没有约束力的法律会由于人们的集体抵制（不服从）或边际性的适应性调整而成为一纸空文。标准作为在一定范围内获得最佳秩序，经协商一致制定并由公认机构批准，共同使用和重复使用的一种规范性文件，其同样具有一定程度的约束性。例如，我国强制性标准，是为保障人体健康，人身、财产安全的标准和法律、行政法规规定强制执行的标准。

（二）标准和法规皆有明确的目的、宗旨和原则

目的通常是指行为主体根据自身的需要，借助意识、观念的中介作用，预先设想的行为目标和结果。作为观念形态，目的反映了人对客观事物的实践关系。人的实践活动以目的为依据，目的贯穿实践过程的始终；宗旨则是关于社会组织和机构存在的目的或对社会发展的某一方面应做出的贡献的陈述，有时也称为使命，其不仅陈述了社会机构和组织的未来任务，而且还阐明了为什么要完成这个任务以及完成任务的行为规范是什么；而所谓原则，简言之，即是观察问题、处理问题的准则，或者为事物的本质或原生规则。无论是标准，还是法规，此三者皆贯穿其中，不可或缺。对于法规而言，其目的非常明显，即对法律价值的追求和指向，在于建立一种最高的活动规则，用于限制公权，保护私权，使整个国家有序运行，而其原则也极为确定、统一的。譬如，任何法规都具有以下几条原则：①公民在法规面前一律平等。②以事实为根据，以法律为准绳。以事实为根据，就是指司法机关审理一切案件，都只能以客观事实作为唯一根据，而决不能以主观想象、主观分析和判断做依据。以法律为准绳，就是审理案件要严格依照法律规定办事，切实做到有法必依，执法必严，违法必究。③司法机关依法独立行使职权。④实事求是，有错必纠。

标准尽管在各行各业存在一定程度的差异，但无论哪个行业的标准，其制定必然存在目的，也即不存在无目的之标准。譬如，这些目的中很大一部分便在于"获得最佳秩序"、"促进最佳社会效益"。"最佳效益"，就是要发挥出标准的最佳系统效应，产生理想的效果；"最佳秩序"，则是指通过实施标准使标准化对象的有序化程度提高，发挥出最好的功能。标准制定的宗旨也很明确，就是要树立相关行业、产业发展的规范与标杆，以达到提升生产水平和服务水平，推进行业更好、更快发展的宗旨。标准的编制也不是随心所欲，其同样也是有原则的，譬如，许多行业标准的制定，便明确要求应遵循"面向市场、服务产业、自主制定、适时推出、及时修订、不断完善"的原则，应与技术创新、试验验证、产业推进、应用推广相结合，统筹推进。

（三）标准和法规皆有严格的制定、审批、发布程序

任何单位、任何事情，首先强调的就是程序，程序就是整治细节最好的工具。程序，作为管理方式的一种，是能够发挥出协调、高效作用的工具，在我们的社会主义建设事业或者现代化建设中，应该充分重视它的作用，应该不断地将我们的工作从无序整改到有序。根据我国《宪法》以及《全国人民代表大会组织法》等相关法律的规定，我国法律、法规的立法程序的主要内容由提出立法议案的程序、审议法律草案的程序、表决法律文件的程序、公布法律文本的程序构成。立法议案是有立法提案权的主体按照一定的程序向立法机关提出的关于制定、认可、补充、修改某项法律的立法动议，主要有对立法议案提出的规定、对立法议案范围和格式的要求、法律草案的起草、对立法议案的处置等。立法议案被列入议程后，就进入实质性的审议阶段。立法机关对列入议程的法律案进行审查、议论或辩论，是制定法律的一个非常重要的阶段。表决法律文件是决定法律文件能否获得立法机关通过而最终成为法律的最重要、最直接的阶段，是立法程序的决定性环节。对法律文件表决，就是对法律文件表示最终的态度，如赞成、反对或弃权。法律文件经过表决，获得法定数目以上的赞成票，才能成为法律。法律文本公布

程序就是通过审查、批准和签署，把最后的法律文本向社会公布。同样，我国的标准文件有其自己一套特定编制、印刷格式，以及制定、颁布的程序。标准从制定到批准发布的一整套工作程序和审批制度，体现了鲜明的程序性特征，《中华人民共和国立法法》也规定了法律从提案到发布实施的程序性要求。

（四）标准和法规皆有统一的格式和规范化的表述方式

格式，即一定的规格与样式，或某些语言文字的写法，比如信的格式等。表述方式是表述特定内容所使用的特定的语言方法、手段，它是文字构成的一种形式要素，是随语言表达的产生发展而逐步形成的。法规，在我国，无论我国国务院制定和颁布的行政法规，还是省、自治区、直辖市人大及其常委会制定和公布的地方性法规，以及省、自治区人民政府所在地的市，经国务院批准的较大市的人大及其常委会制定的地方性法规，均是国家机关制定的规范性文件，均具有严格的文本格式和相当规范化的表述方式。譬如，我国的《宪法》是由序言、章、节、条、款等构成的统一文本，其表述方式也是一种有别于日常语言的技术语言，即法律语言，其是民族共同语在长期的法律科学和法律实践中逐步形成的，服务于一切法律活动且具有法律专业特色的一种社会方言，是在法制发展过程中，按法律活动（立法、司法、法律科研）的要求逐步磨砺、逐步构建而形成的，是全民语言的一个社会功能变体。它包括表述各种法律规范的立法用语和为诉讼活动、非诉讼的法律事务服务的司法用语。司法用语又表现为司法口语和司法书面语。司法书面语主要表现为诉讼和非诉讼法律活动中普遍运用的具有法律效力或法律意义的非规范性的法律文书的语言。

而标准，作为科学、技术和实践经验的总结，是能够为在一定的范围内获得最佳秩序，对实际的或潜在的问题制定共同的和重复使用的规则，其同样具有的一定的格式和规范化的表述方式。例如，我国《林业标准化管理办法》是由包括总则在内的 18 章、41 条构成，条例规范、严谨，其语言表述方式则紧密结合了苗木生产，造林、营林，林产品、林副产品、林化产品、林业设备、林业管理标准化等与林业发展密切相关的方方面面，从而能够为提高林产品的产量和质量，降低成本和发挥林业的多种效益提供帮助。可见，规范性是标准与法规的共同特性，它们都能为人们的社会行为提供模式、标准、样式和方向。

二、标准与法规的异同点

标准和法规的主要差异表现在以下三点。

（一）约束程度不同

法规的约束程度高；标准的约束程度低。强制性是法规的主要特性，是指必须依照法规适用，不能以个人意志予以变更和排除适用，同时，法规必须强制执行。在法规体系中,强制性规定可以说随处可见,如在法律条文中多表现为:不得……,禁止……,等等,不胜枚举。相比而言,标准的约束程度要相对低一些,在我国,除强制性标准需要强制执行以外,一般都要在约定条件下才强制执行。例如推荐性标准,我国《标准化法》中规定"鼓励企业自愿采用"的,属自愿性的正式标准,经法律、法规、规章或强制性标准引用即具有了强制性或行政约束力,其国家标准的代号为"GB/T";除此之外,行业标准中还有一类为指导性文件,其实际上是给仍处于技术发展过程中(如变化快的技术领域)的标准化工作提供指南或信息,供科研、设计、生产、使用和管理等有关人员参考使用而制定的标准文件,其不宜由标准引用使其具有强制性或行政约束力,其文件的代号为"GB/Z"。

(二) 制定、审批、发布的程序和权限不同

在我国,制定法律的权力属于全国人大及其常委会,法律的制定过程包括法律案的提出、审议、表决和公布四个环节。首先是提出法律议案,这是法律制定的第一道程序,只能由全国人大常委会委员长会议委托常委会工作机构起草或者由有关专门委员会起草提出。其次是审议法律案,这是充分发扬民主,集中民智、民意的过程,是法律制定程序的核心环节。法律案列入全国人大会议或者常委会会议议程后,首先在全国人大全体会议或者常委会全体会议上听取提案人对法律草案的说明,然后由各代表团或者常委会分组会议进行审议。在此基础上,由有关的专门委员会进行审议,提出审议意见。再次是表决法律案,由全体代表的过半数通过。最后是公布法律,法律案经全国人大及其常委会通过后,由国家主席签署主席令予以公布,并及时在全国人大常委会公报和在全国发行的报纸上刊登。同样,行政法规是由国务院制定、发布的,而规章则由国务院各部门批准、发布。相对而言,标准的制定、审批、发布的程序和权限对法律、法规是存在一定程度的不同的。例如,国家标准,在我国由国务院标准化行政主管部门制定、发布;地方标准则由地方政府以及各类专门组织制定和发布。此外,国外则由标准化组织(非官方、半官方或官方)制定、发布。

(三) 监督、实施的模式和渠道不同

所谓监督,即人们为了达到一定的政治、经济、司法等方面的某种目的和目标,依仗一定的权力,通过对社会公共治理中若干事务内部分工约束或外在民主性参与控制等途径,针对公共权力的资源、主体权责、运作效能而相对独立开展的检查、审核、评议和督促活动。良好的监督体系,有利于国家机关及相关机关的清正廉洁;有利于提高行政效率,树立政府权威;有利于维护国家安全,保障社会秩序。法规与标准的实施虽然都需要监督,但二者所内在包含的监督模式和渠道是存在一定差别的。例如,在我国,法规的实施除自我监督、社会监督外,主要靠执法部门监督;标准实施除自我监督外,主要是主管机关的行政监督、使用方监督或消费者协会监督和第三方的监督。监督模式的不同,也说明了二者在逻辑结构和运作模式上存在的差异。

三、标准与法规的关系

从法规和标准的政治效应和实际社会效果性看，标准与法规的关系可归纳为以下三点。

（一）法规是标准制定的基础或依据

从标准制定的实际可见，一般的标准制定往往基于某些相关法规作为编制的基础与依据。例如，所有安全生产的技术、防范与管理标准都必须以《中华人民共和国安全生产法》为依据进行编制。旅游行业标准则必须以《中华人民共和国旅游法》为基础与依据，一切与《中华人民共和国旅游法》有抵触和异议的必须进行修正。

（二）标准是法规在一定范围内的指导性文件

一般来说，法规作为国家机关制定的规范性文件，在许多指导性方面具有高、大、全、宽的特点。但对在特定范围内的具体规范指导具有明显的局限性和实施的不可靠性，为此，运用标准对法规在一定范围内进行具体规范和要求，是标准对法规的一种指导性文件的延伸和扩容。例如，食品安全中的各种技术、规程、管理与检验等标准都是对《中华人民共和国食品安全法》在一定范围内具体指导性文件的拓展。

（三）法规是一般性准则，而标准则是具体准则

法规常常规范的是一般性准则，具有相对宏观性，尤其在范围、期限、数量等具体内容上，往往缺乏确定性。而标准则侧重于准则的具体确定性，即标准注重于对规范的定量、定时、定范围。例如，《旅行社条例》对旅行社的设立只是进行了宏观性的要求，而各地的《旅行社等级评定与划分》则具体表述了各级旅行社应具备的定量性要求。这就充分体现了法规是一般性准则，而标准则是具体准则。

第四节 标准化简史

标准化是人类由自然人进入社会共同生活的必然产物，它随着生产的发展、科技的进步和生活质量的提高而发生、发展，并受到生产力发展的制约；同时，标准化又为生产力的进一步发展创造条件，促进社会关系的协调。自从农业和畜牧业分工后，由于物资交换的需要，基于公平交换、等价交换的原则，度量衡单位和器具标准开始走向统一，出现了标准化的器物。农业和手工业分工后，为了提高生产效率，人们开始了工具和技术规范化。在机器生产、社会化大生产阶段，科学技术适应工业的发展，为标准化提供了大量生产实践经验，也为其提供了系统的实验手段，从而使标准化活动进入了以

科学实验数据定量的阶段。在经济全球化背景下，生态危机和社会危机日益突出，标准化逐步跨出经济和服务领域，渗透到人类生产生活的方方面面，尤其是在保障社会公平、维护生态安全方面，已发挥重大作用。从标准化历史发展的进程来看，标准化已成为实现人类社会和谐发展的极其重要的手段。

一、古代标准化

在人类历史上，标准化的产生是人类社会实践发展的必然产物，其伴随着人类社会生产的进步而不断向前发展，是与社会生产力相互依存、相互制约的一个重要概念。在某种程度上，人类社会生产力的发展水平决定了标准化的水平；而反过来，标准化的水平状况也在一定程度上构成了人类社会生产力发展的制约因素和发展要素。

诚如马克思、恩格斯所言："我们首先应当确定一切人类生存的第一个前提也就是一切历史的第一个前提，这个前提就是：人们为了能够'创造历史'，必须能够生活。但是为了生活，首先就需要衣、食、住以及其他东西。因此第一个历史活动就是生产满足这些需要的资料，即生产物质生活本身。"因此，人类历史上最原始的标准化语言或信息交流符号便在此过程中逐渐诞生了。这些符号必须是统一、规范的，而且在一定的时空范围内保持相对稳定。通过历史学和考古学对元谋、蓝田、北京周口店考古的发现表明，经历漫长的过程，原始人类制造的石器，样式和形状从多样逐步走向统一、规范，甚至人力建筑的洞穴和房舍在形式、形状、尺寸等方面也达到了一定程度的统一。

此后，随着生产力的进一步发展，人类第一次社会分工开始，即农业、畜牧业分工，期间，物资交换也应时而生。鉴于公平和等价交换原则的契约，其结果必然要求度、量、衡单位和器具有统一的标准，由此经过漫长的演化，逐步发展到以公认的某些相对稳定的客观物体作为度量衡基准。

当手工业成为一个独立的产业从农业中分化出来时，人类已经开始认识到：为了提高生产率和产品质量，对工具和生产技术予以规范是极为有效的措施。从目前我国考古发现的青铜器、铁器及古代文献的记载中，就可以看到当时的标准化水平。譬如，春秋战国时代的《考工记》记载了青铜冶炼配方、30项生产设计规范和制造工艺要求，如在车的制造中：用规校准轮子圆周；用平整的圆盘基面检验轮子的平面度；用垂线校验辐条的直线度；利用水的浮力观察轮子的平衡，同时对用材、轴的坚固灵活、结构的坚固和适用等都做出了规定，不失为严密而科学的车辆质量标准。而《论语》中"无规矩，无以成方圆"一语，正是基于当时的生产力和标准化水平，对标准化意义的最古老也是最本质的理论认识。

秦始皇兵马俑出土的大量矢簇等兵器，尺寸、形状整齐划一、金属成分稳定、一致，足以表明当时的秦国标准化已达到相当高的水准。秦统一中国之后，用政令对度量衡、文字、货币、道路、兵器进行大规模的标准化，用律令如《工律》《金布律》《田律》规定"与器同物者，其大小长短必等"，是集古代工业标准化之大成。在工程建设上,宋代李诫所著《营造法式》对建筑材料和结构做出了规定。宋代毕昇发明的活字印刷术,运用了标准件、互换性、分解组合、重复利用等标准化原则,更是古代标准化的里程碑。在医学上,战国时代的《黄帝内经》、李自珍的《本草纲目》等,成为中国医学上的典籍和规范。

二、近代标准化

进入近代社会以来,随着工业化、市场化的不断崛起,大规模的机器生产开始成为人类社会经济发展的重要组成部分,社会分工也在不断走向精细化。由此,标准化的发展也走向了新的历史阶段,近代工业的发展,使得科学技术也从自然王国进入自由王国。大量的认识积累和理论突破,使得人类可以从更高的层面适应生产和社会生活需要,为标准化提供了大量生产实践经验,也为之提供了系统实验手段,摆脱了凭直观和零散的形式对现象的表述和总结经验的阶段,从而使标准化活动进入了以定量实验数据为研究依据的科学阶段,并开始通过民主协商的方式在广阔的领域推行工业标准化体系。此后,标准化作为提高生产率的途径,开始进入了突飞猛进的发展时期。

作为近代工业革命的发源地,标准化的发展最初也是从英国开始的。早在1834年,英国就制定了"螺纹标准",并于1904年以英国国家标准BS84颁布;1897年英国斯开尔顿建议在钢梁生产中实现生产规格和图纸统一,并促成建立了工程标准委员会;而在1901年,英国标准化学会也正式宣告成立,作为世界上最早的全国性标准化机构,它不仅没有受到当时政府的严格控制,而且还得到了政府的大力支持。该学会的宗旨是:第一,为增产节约努力协调生产者和用户之间的关系,促进生产,达到标准化(包括简化)。第二,制定和修订英国标准,并促进其贯彻执行。第三,以学会名义,对各种标志进行登记,并颁发许可证。第四,必要时采取各种行动,保护学会利益。通过不断发展自己的工作队伍和完善自己的工作机构和体制,其对推进英国工业发展起到了十分积极的作用。至1902年,英国纽瓦尔公司为了满足大量生产具有互换性零部件的需要,制订、编印了公差和配合方面的纽瓦公司标准——"极限表",这是最早出现的公差制,后正式成为英国标准BS27。

1906年国际电工委员会(IEC)成立。IEC是世界上成立最早的非政府性国际电工标准化机构,是联合国经社理事会(ECOSOC)的甲级咨询组织。其宗旨在于,促进电工标准的国际统一,以及电气、电子工程领域中标准化及有关方面的国际合作,增进国际间的相互了解。到目前为止,IEC成员国包括了绝大多数的工业发达国家及一部分发展中国家,这些国家拥有世界人口的80%,其生产和消耗的电能占全世界的95%,制造和使用的电气、电子产品占全世界产量的90%。

1911年,美国著名管理实践家、管理学家泰勒发表了《科学管理原理》一书,其应用标准化方法制定"标准时间"和"作业"规范,在生产过程中实现标准化管理,提高了生产率,创立了著名的科学管理理论。他认为,科学管理的中心问题是提高效率。为了提高劳动生产率,必须为工作挑选"第一流的工人"。要使工人掌握标准化的操作方法,使用标准化的工具、机器和材料,并使作业环境标准化,这就是所谓的标准化原理。实行刺激性的计件工资报酬制度。工人和雇主两方面都必须认识到提高效率对双方都有利,都要来一次"精神革命",相互协作,为共同提高劳动生产率而努力。把计划职能同执行职能分开,变原来的经验工作法为科学工作法。实行"职能工长制"。在组织机构的管理控制上实行例外原则。此后,1914年美国福特汽车公司运用标准化原理把生产过程的时空统一起来创造了连续生产流水线。1927年美国总统胡佛就得出了"标准化对工业化极端重要"的论断。

到1932年,已有25个国家相继成立了国家标准化组织,1926年在国际上成立了国家标准化协会国际联合会(ISA),标准化活动由企业行为步入国家管理,进而成为全球的事业,活动范围从机电行业扩展到各行各业,标准化使生产的各个环节、各个分散的组织到各个工业部门,扩散到全球经济的各个领域,由保障互换性的手段,发展成为保障合理配置资源、降低贸易壁垒和提高生产力的重要手段。

1946年国际标准化组织正式成立,它是世界上最大的非政府性标准化专门机构,在国际标准化中占主导地位,其主要活动是制定国际标准,协调世界范围内的标准化工作,组织各成员国和技术委员会进行情报交流,以及与其他国际性组织进行合作,共同研究有关标准化问题。随着国际贸易的发展,对国际标准的要求日益提高,国际标准化组织的作用也日趋扩大,世界上许多国家对它也越加重视。现在,世界上已有100多个国家成立了自己的标准化组织。

三、现代标准化

在现代社会积极的发展进程中,生产和管理高度现代化、专业化、综合化,使现代产品或工程、服务具有明确的系统性和社会化。一项产品或工程、过程和服务,往往涉及几十个行业和几万个组织及许多门类的科学技术,如美国的"阿波罗计划""曼哈顿计划",从而使标准化活动更具有现代化特征。

随着经济全球化不可逆转的过程,特别是信息技术高速发展和市场全球化的需要,要求标准化摆脱传统的方式和观念:不仅要以系统的理念处理问题,而且要尽快建立与经济全球化相适应的标准化体系;不仅工业标准化要适应产品多样化、中间(半成品)简单化(标准化)乃至零部件及要素标准化的辩证关系的需求,而且随着生产全球化和虚拟化的发展以及信息全球化的需要,组合化和接口标准化将成为标准化发展的关键环节;综合标准化、超前标准化的概念和活动将应运而生;标准化的特点从个体水平评价发展整体、系统评价;标准化的对象从静态演变为动态、从局部联系发展到综合复杂的系统。现代标准化更需要运用方法论、系统论、控制论、信息论和行为科学理论的指导,以标准化参数最优化为目的,以系统最优化为方法,运用数字方法和电子计算技术等手段,建立与全球经济一体化、技术现代化相适应的标准化体系。目前,要遵循世界贸易组织贸易技术壁垒协定的要求，加强诸如国家安全、防止欺诈行为、保护人身健康或安全、保护动植物生命和健康、保护环境等方面，以及能源利用、信息技术、生物工程、包装运输、企业管理等方面的标准化，为全球经济可持续发展提供标准化支持。

现代产业中，标准与标准化工作贯穿各个层次、各个环节。从最朴素的概念上说：标准化就是复制成功，将正确的方法、成功的经验通过标准的形式予以总结、规范从而固定，保证不论在何种规模上放大，均能达到同样的、正确的预期效果。进一步而言，有意识的，积极、主动的标准化工作可以有目的地引导发展方向，避免盲目试探造成的损失，有效地达成目标的实现。

四、我国的标准化发展历程

新中国成立 60 多年来，在党和国家的高度重视下，我国的标准化事业在不断探索和实践中不断地前进。从新中国成立至今，标准化在不同的历史阶段发挥着不同的历史作用，成为推进我国社会经济发展和科技进步的重要支撑。

（一）中华人民共和国成立初期，标准化得到较快发展

1949 年 10 月，中华人民共和国宣告成立，我国的标准化事业发展也从此进入了一个新的历史阶段。中华人民共和国成立初期，为了迅速治理之前遗留下来的烂摊子、乱摊子，加快国民经济的恢复，巩固国防，国家、各经济管理部门以及一些骨干企业初步开展了标准化工作。

早在 1949 中华人民共和国成立之初，党中央就在中央财政经济委员会下设立了中央技术管理局，内设标准化规格处，负责工业生产和工程建设的标准化工作，并由当时的中央人民政府政务院财政经济委员会审查批准了中央技术管理局制定的"中华人民标准《工程制图》"，这也是中华人民共和国成立后颁发的第一个标准。1949—1955 年，为了发展生产和恢复经济，国家的纺织、卫生、农业、铁道、建委等部门相继发布各自的部门标准，对我国国民经济的恢复起到了不小的推动作用。由于中华人民共和国刚刚成立，百废待举，我国标准化工作也主要是以学习、引进前苏联标准为主，自身尚未形成完整、健全的技术标准体系。

1956 年社会主义改造完成之后，我国进入了全面建设社会主义的历史时期，社会主义公有制占绝对优势的生产资料所有制结构确定。"一五"期间新建和改建的大批重点企业的相继投产，以及建立在生产资料全民所有制基础上的社会化大生产的总体格局的基本形成，促使我国的标准化建设工作开始走入快速发展时期。1956—1965 年的 10 年间，在国家各部委的积极领导和组织下，我国国家标准、部标准和企业标准的制定、修订和贯彻，以及专业性和地区性的标准化经验交流活动已形成一定规模。同时，随着我国自主发展能力的不断增强，对苏联标准的照搬照抄状况亦有所转变，开始注意结合本国资源和自然条件等具体国情开展标准化工作。这一阶段，我国的标准化事业有了较快的发

展，并累积了自己的经验，为此后期我国标准体系的不断改革、完善奠定了良好的基础。

1956年，国务院科学规划委员会制定的12年科学技术发展规划中明确指出，"制定和推行国家统一的、先进的技术标准，是迅速发展国民经济、保证实现工业生产计划的必要措施之一"，"国家标准具体地体现了国家的技术政策，是社会主义工业建设的先进标志……为了使我国社会主义建设走上先进的生产道路，必须从速制定国家标准，并贯彻实施"。同年，国家技术委员会成立，翌年初设立国家技术委员会标准局，（重新）加入国际电工委员会（IEC）。1958年国家技术委员会颁布了第一号国家标准："GB1-58标准幅面与格式首页、续页与封面要求"。

1962年11月，国务院第120次全体会议通过了《工农业产品和工程建设技术标准管理办法》，这是我国第一个标准化管理法规，对标准化工作的各个方面都做出了明确的规定。1963年4月在北京召开了第一次全国标准、计量工作会议，会议通过了标准化十年发展规划。规划中提出要建立一个以国家标准为核心，适应我国资源和自然条件，充分反映国内先进生产技术水平、门类齐全和互相配套的标准体系。1963年9月国家科学技术委员会在全国范围内确定了32个研究院、所和设计单位为国家标准化核心机构，批准成立标准化综合研究所。同年12月，经文化部批准成立技术标准出版社。

（二）"文革"期间，标准化工作在困难中缓步前行

"文化大革命"期间，标准化机构几乎瘫痪，工作停滞，使我国标准化工作经过前5年调整后获得的新发展遭到了严重的冲击和破坏。但就是在这样艰难的困境下，一些标准化战线上的骨干仍坚持工作，在推进我国的标准化事业方面做了一些有益的工作。1972年中华人民共和国国家标准计量局成立，由中国科学院代管，原国家科委标准局撤销。1975年，电子工业部标准化研究所借鉴日本电子元器件的做法，在编制标准化规划时，采用了按具体专业分别标准层次列表的方法编制了标准体系表。这一国内首创的方法得到了国家标准局领导的高度重视，后来推广到全国，对我国标准化体系建设产生了积极的影响。

（三）改革开放以来，标准化工作进入飞速、全面发展时期

改革开放以来，随着我国社会经济体制的转变和经济中心的确立，我国的标准化建设事业走入了全新的发展轨道。早在改革开放之初，国务院便提出要努力做好标准化、系列化、通用化工作，采取了一系列行政措施加强标准化工作。此后，我国的标准化工作围绕着建立中国特色的社会主义市场经济体制的大前提、大目标进行了一系列的组织结构调整、制度和观念更新，以及工作方法等方面的重大转变。国家标准化的行政主管机构得到加强，原已建立的行业标准化研究机构逐步恢复，经过各方共同努力，《标准化法》正式发布，我国标准化管理运行体系、研究体系和贯彻实施体系基本形成。

1978年9月成立中国标准化协会，主要负责标准化的宣传、推广和学术交流工作；成立国家标准总局，由国家经委代管，撤销原国家标准计量局；（重新）加入国际标准

化组织（ISO），成为其成员国。1979年7月国务院批准颁布了《中华人民共和国标准化管理条例》；8月开始组建专业标准化技术委员会。1984年1月全国采用国际标准工作会议召开；3月，国家标准局发布《采用国际标准管理办法》。1988年7月在原国家标准局、国家计量局和国家经委质量局基础上组建了国家技术监督局，统一管理全国的标准化工作。

1988年12月，第七届全国人大常委会五次会议通过《中华人民共和国标准化法》，于1989年4月1日起开始实施。制定该法的目的，是为了运用标准化手段发展社会主义商品经济，促进技术进步，改善产品质量，提高社会经济效益，维护国家和人民的利益，使标准化工作更好地适应社会主义现代化建设和发展对外贸易的需要，解决经济体制和政治体制深入改革对标准化工作提出的新要求，需要通过立法手段来调整各方面的关系。该法的颁布实施，对于推进我国标准化工作管理体制的改革，发展社会主义市场经济有着十分重大的意义。1990年4月6日，国务院依据《中华人民共和国标准化法》制定、发布了《中华人民共和国标准化法实施条例》，对标准化工作的管理体制、标准的制定和修订、强制性标准的范围和法律责任等条款做了更为具体的规定，进一步充实、完备了标准化法的内容，成为标准化法的重要配套资源。

2001年组建国家质量监督检验检疫总局、国家标准化管理委员会和国家认证认可监督管理委员会。目前，我国标准化工作实行统一管理与分工负责相结合的管理体制。按照国务院授权，在国家质量监督检验检疫总局管理下，国家标准化管理委员会统一管理全国标准化工作。国务院有关行政主管部门和国务院授权的有关行业协会分工管理本部门、本行业的标准化工作。省、自治区、直辖市标准化行政主管部门统一管理本行政区域的标准化工作。省、自治区、直辖市政府有关行政主管部门分工管理本行政区域内本部门、本行业的标准化工作。市、县标准化行政主管部门和有关行政部门主管，按照省、自治区、直辖市政府规定的各自的职责管理本行政区域内的标准化工作。

可见，中国的标准化管理工作有着自身特定的社会历史背景，中国的标准化管理也必然与西方单纯的市场经济体制下的成套标准化工作体制和管理模式有所差别，这就是国际化与本地化的基本原则，这也是我们开展中国标准化体系建设研究时必须认真考虑的一个问题。

（四）我国标准化发展阶段分析

从我国国家标准化管理体制逐渐演变的角度研究我国标准体系的发展历程，大致可以分为以下三个阶段。

第一阶段（1949—1988年）：逐步建立了适应社会主义计划经济体制的国家标准体系。1979年颁布的《中华人民共和国标准化管理条例》是这一阶段标准化工作的法律依据和标志性成就。该条例规定，我国标准分为国家标准、部（专业）标准和企业标准，国务院、国务院有关部门、地方政府和企业都要设立机构管理标准化工作；国家标准、部（专业）标准应由政府部门确定的标准化核心机构负责起草，由政府主管部门批准发布。企业产品标准必须由企业主管部门批准。这一阶段国家标准体系的构成与管理运行模式的主要特征是以政府为主导，以行政命令为手段，以行政强制措施保障标准的实施。

第二阶段（1988—2001年）：逐步建立了适应有计划的社会主义商品经济体制的国家标准体系，并为向适应社会主义市场经济体制的过渡奠定了技术基础。1988年颁布的《中华人民共和国标准化法》、1990年颁布的《中华人民共和国标准化法实施条例》以及随后颁布的一系列部门规章和规范性管理文件是这一阶段标准化工作的法律依据和标志性成就。这一阶段的我国标准分为国家标准、行业标准、地方标准和企业标准，并将标准分为强制性标准和推荐性标准两类。在标准的制定方面，更多地通过由专家组成的专业标准化技术委员会负责起草和审议，国家鼓励采用国际标准和国外先进标准。在标准的实施方面，国家鼓励企业自愿采用推荐性标准，同时推行产品认证制度，认证合格的准许使用认证标志。这些举措是参照ISO工作制度和我国国情所进行的国家标准化管理体制和国家标准体系的重大变革，为我国标准化工作的国际接轨和今后的发展奠定了基础。当然，由于受客观条件的限制以及管理体制和运行机制的制约，这一阶段的国家标准体系仍然存在计划经济体制的影响，基本上采用以计划为主导、以政府为主体的标准化管理模式。

第三阶段（2001至今）：开始建立适应社会主义市场经济体制的国家标准体系和标准化管理体制。为适应我国加入世界贸易组织和完善社会主义市场经济体制的需要，国务院于2001年组建了中国国家标准化管理委员会（SAC），成为新世纪我国标准化改革的发端。国家标准化管理委员会成立后，对标准化工作开展了一系列改革，为我国的国家标准体系和标准化管理模式改革进行了有益的探索和实践。

第二章　旅游标准学与标准化概述

第一节　旅游标准学概述

旅游标准学是旅游学的分支,是研究旅游活动中物质文明和精神文明准则的一门科学。其目的是让旅游活动达到最佳秩序和最佳效益,具体内容涉及旅游标准和旅游标准化的理论基础、原理分析、制定与实施方法、监督与效果评价等。

一、什么是旅游标准学

一般来说,一门学科的创立都是由它的研究任务和对象所决定的。诸如研究以人类语言结构规律为对象的科学,叫语言学;研究以物质最一般的规律和物质的基本结构为对象的科学,叫物理学;研究以天体结构和运行演变规律为对象的科学,叫天文学;等等。

由此推论,旅游标准学就是以研究旅游标准和标准化为对象的一门科学。是一门:
- 研究旅游标准的起源、形成和发展史及其规律的科学;
- 研究旅游标准的原理、本质、要素、文体、属性、功能以及旅游标准体系的科学;
- 研究旅游领域里各行业、各级别、各类型标准的构成、制定、修订及其水平的科学;
- 研究在旅游标准的实施与监督中,如何促成在所属对象上普遍实现标准化的科学;
- 研究旅游标准化的种类、原则、方法、程序、形式以及发展历史的科学;
- 研究旅游标准在人类社会的物质生产工作中,被广泛实施后所获得的旅游标准化经济效果和社会效益的科学。

总之,旅游标准学是研究人类旅游活动中物质文明和精神文明准则的一门科学。

二、对旅游标准学的认识

旅游标准学是旅游标准化本身体系结构及发展规律的学科标准学,是由旅游基础标准理论和旅游应用标准理论构成的。

旅游标准学作为一种社会现象和认识现象,它有自己的规律性,研究这些客观规律的是旅游理论标准学，利用这些规律的是旅游应用标准学。旅游理论标准学主要是研究旅游标准化活动的特点及其在旅游活动和旅游科研工作中应用的一般规律。旅游应用标准学主要研究旅游标准化活动的有效方法和手段，实现旅游标准化的最优化、统一化。目前，旅游标准学的研究，越来越受到各界重视。旅游标准学正在向综合性学科发展，是一门旅游学中重要的综合性边缘学科。

旅游标准学的建立，关键在于弄清旅游标准化的规律性。这就是我们所探讨的旅游标准学理论基础问题，或称之为旅游标准学的学科基础。这种探讨不仅对建立旅游标准学很需要，而且对指导、提高旅游标准化工作也有实际的意义。

旅游标准学的理论是由旅游标准化概念、旅游标准化原理以及这些概念、原理的科学论证所组成的。这是旅游标准化研究成果的概括和总结，是针对旅游标准化这一对象，借用数学、计算机科学、系统工程等有关的知识阐述旅游标准化这一事物运动的规律性。

三、旅游标准学研究的对象

任何一门学科，首先必须要有自己特定的研究对象，否则，就无法区别学科之间的不同，也无从着手研究它的性质和内容。旅游标准学作为一门学科，有它特定的研究对象。必须确定旅游标准学的研究对象，定出适合于这个对象的概念，明确该对象所固有的基本规律，建立能够解释大量事实的原则和理论。旅游标准学的研究对象是整个旅游标准化实践活动中的概念、理论、方法及其运动规律以及与其他学科的依赖关系。

旅游标准学要建立在科学的基础上，要充分体现科学技术的特点。从旅游标准学特定的研究对象来看，它既区别于纯技术科学，又区别于纯经济科学。所以，旅游标准学既要研究旅游业发展技术和旅游标准化本身的发展规律，又要研究旅游对社会经济发展规律的贡献。

既然旅游标准学的产生是由于人类科学技术活动和旅游标准化活动的发展，构成旅游标准学的结构要素就无非是科学技术活动、旅游标准化活动以及与旅游标准化活动有关的社会环境和经济因素。因此，旅游标准学就是研究上述要素相互关系的一门科学。

四、旅游标准学研究的内容和范围

旅游标准学研究的内容与范围如下：

（1）旅游标准化基本理论、原理与活动原则，是开展旅游标准学研究和指导旅游标准化实践的理论依据与准则，应作为旅游标准学的基础内容。

（2）旅游标准化活动规律，以及正确运用这些规律的政策研究，是旅游标准学的一项专门任务。如要对旅游标准化的一些特点，即重复性、统一性、广泛性、优选性、综合性、继承性等进行研究，从中找出它的客观规律。

（3）研究各种旅游标准化对象在标准化过程中采用的不同的具体形式，如通用化、规格化、系列化、组合化等。

（4）研究旅游标准学的社会地位和社会功能。

（5）旅游标准化工作的定量研究，如旅游标准化经济效果分析。

（6）旅游标准学应该从整个社会系统出发，开展旅游标准化与科学、技术、生产、政治、经济、社会的综合研究。

（7）研究旅游标准化体系及其演化，旅游标准体系的结构和标准内容的构成。

（8）旅游标准学还应以旅游标准化管理的有关课题，作为自己研究的内容，这在旅游标准学深入深究过程中是应该考虑的。如管理机构与体制、方针与政策、人才培训、标准制定与实施、资料供应、监督检验、成果管理等方面的研究。旅游标准学主要是为旅游标准化管理提供理论基础，它与旅游标准化管理不可分离，是互为依存的两个部分。

（9）旅游标准学要揭示旅游标准化体系中各学科内部之间的联系，研究与其有关的学科，并借用其他学科的方法和理论来丰富旅游标准学自身的科学内容。如借用数学（运筹学、数理统计学、概率论等）、信息论、控制论、系统论、行为科学、现代管理理论（质量管理、价值分析、工业工程等学科）、可靠性理论、电子计算机等先进的科学理论和方法。

（10）以旅游标准化历史为基础，用自然科学的知识和社会学的方法来对待整个旅游标准化史的研究。这是因为，只有依据旅游标准化史，才能用大量的事实说明旅游标准化本身的概念、原理，从而把旅游标准学推向高一级的水平；只有依据旅游标准化史，才能以大量的事实说明旅游标准化受一定历史条件下的经济、政治、思想、文化的制约和对它们的反作用；也只有依据旅游标准化史，才能用大量的事实说明历史上各个阶段的旅游标准化政策。

可见，旅游标准学具有广泛的研究领域和活动空间，研究的内容和范围具有广泛的综合性，体现了现代科学相互渗透、相互交叉的特点。

旅游标准学研究的核心问题是影响旅游标准化发展的各个重要方面或因素。为了解决这个任务，旅游标准学就要：研究旅游标准化的本质特征和作用；探索旅游标准化发展的规律性；提出旅游标准化发展的原则和方针；在理论、原则和方针的指导下研究旅游标准化管理的最佳方法；总结旅游标准化管理的实际经验并上升到理论的高度。

旅游标准学的使命不仅仅是一门研究旅游标准化及其活动规律的科学，也不仅仅是研究影响旅游标准化本身发展的因素，而是要揭示诸因素的相互作用，正是这种相互作用才使旅游标准化得到发展。

由此可见，研究旅游标准学的任何问题，都不能脱离旅游标准化的本质特征、脱离旅游标准化发展的内在逻辑、脱离旅游标准化的社会功能、脱离旅游标准化同社会特性的联系等。它需要掌握和创造性地运用许多不同学科所获得的知识。

而从目前旅游学发展实际需求来看，研究应从以下几个方面着手：

（1）旅游标准化通用理论研究

应重点开展服务标准化重要、基础、前沿的理论问题研究，完善通用基础标准，开展旅游标准化知识的宣传与普及，使得旅游标准化研究基地成为我国旅游标准化理论的策源地。

（2）旅游公共服务标准化研究

应联合旅游主管部门、地方政府、相关行业协会等机构，面向重点旅游公共服务和安全项目，开展标准化理论与应用研究，致力于成为政府科学管理和决策的"智囊团"。

（3）旅游企业服务标准化研究

应重点以保障民生和保护旅游消费者利益为出发点，密切关注旅游消费热点，开展旅游企业服务的标准化研究与实践，同时探索开展服务质量测评以及服务认证工作，实现标准化研究与社会旅游需求的全方位对接。

（4）融合性旅游服务标准化研究

须顺应旅游产业融合不断加剧的趋势，联合知名企业，重点开展面向产品全生命周期的融合性旅游业标准化工作，打造面向企业开展融合性旅游标准化技术咨询服务的知名品牌。

五、建立完整的旅游标准学体系

旅游标准学在其自身的发展中应该包括旅游理论标准学和旅游应用标准学。只有对这两方面的内容都进行研究，才能形成一个比较完整的旅游标准学的学科体系。我国的旅游标准学研究，不管是理论研究还是应用研究，都是比较薄弱的，旅游标准学研究还没有形成一套比较完整的科学理论。

旅游理论标准学是指研究旅游标准学自身发展规律和在社会中的发展规律的科学。它主要包含两大分支学科旅游标准体系学和旅游标准社会学。旅游标准体系学是研究旅游标准化的体系、结构和各个学科之间的相互渗透与综合发展的规律。旅游标准社会学是研究标准化的社会功能和在不同的社会制度下的发展规律。当前我国标准社会学的研究重点应研究标准化的方针、政策、途径和在经济建设中的作用。通过这二大项研究逐步把理论标准学建立起来。

旅游应用标准学是指研究旅游标准化管理的科学。它研究的内容很广泛，包括旅游标准化规划、体制、人才、经费、组织实施、成果管理、学术交流、标准化普及、标准引进和制定等。从我国旅游标准化管理的现状来看，对旅游应用标准学的要求尤为迫切。

通过上述两方面的研究，逐步建立起我国完整的旅游标准学的学科体系（见图2-1）。旅游标准学是一门理论性和实践性很强的学科，其理论研究和应用研究都应该重视，使它们协调发展。

旅游标准化工作者，要结合我国旅游标准化的实际，大力开拓这一新领域，为建立和发展我国旅游标准学体系而努力。

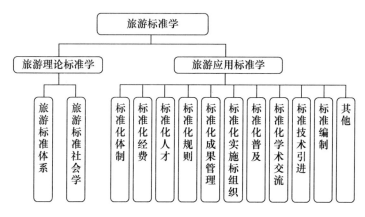

图 2-1　旅游标准学的学科体系组成总图

六、旅游标准学的研究方法

(一) 文献研究法

文献研究法是指根据一定的研究目的或课题，通过调查文献来获得资料，从而全面、正确地了解掌握所要研究问题的一种方法。其作用有：①能了解有关问题的历史和现状，帮助确定研究课题；②能形成关于研究对象的一般印象，有助于观察和访问；③能得到现实资料的比较资料；④有助于了解事物的全貌。

(二) 调查研究法

调查法是科学研究中最常用的方法之一。它是有目的、有计划、有系统地搜集有关研究对象现实状况或历史状况的材料的方法。调查法是科学研究中常用的基本研究方法，它综合运用历史法、观察法等方法以及谈话、问卷、个案研究、测验等科学方式，对科学现象进行有计划的、周密的和系统的了解，并对调查、搜集到的大量资料进行分析、综合、比较、归纳，从而为人们提供规律性的知识。

(三) 实验研究法

实验法是通过主动变革、控制研究对象来发现与确认事物间的因果联系的一种科研方法。其主要特点是：

(1) 主动变革性。调查法是在不干预研究对象的前提下去认识研究对象，发现其中的问题，而实验法却要求主动操纵实验条件，人为地改变对象的存在方式、变化过程，使它服从于科学认识的需要。

(2) 控制性。实验要求根据研究的需要，借助各种方法技术，减少或消除各种可能影响科学的无关因素的干扰，在简化、纯化的状态下认识研究对象。

(3) 因果性。实验以发现、确认事物之间的因果联系的有效工具和必要途径。旅标准化试点工作就是一种实验研究法。

（四）经验总结法

经验总结法是通过对实践活动中的具体情况进行归纳与分析，使之系统化、理论化，上升为经验的一种方法。总结、推广先进经验是人类历史上长期运用的较为行之有效的研究方法之一。

第二节　国内外旅游标准化概况

标准化开始于工业领域，是工业化的先导和最称道的经验。将标准化运用于服务领域，特别是旅游领域，在全世界范围内也属于前沿范畴。国外旅游业标准化实践比较早，但系统地进行理论阐述却不多，多体现在应用成果上。

一、国外旅游标准化发展现状

国外的旅游标准化研究是从20世纪90年代的欧洲开始的，主要是进行旅游标准化基础研究。1996年，欧盟官方认可的三大标准化机构之一的欧洲标准化技术委员会（简称CEN）成立下属机构——旅游服务标准化委员会（CEN/TC329），秘书处设在德国，下设5个工作小组，分别为酒店和其他类型的旅游住宿、旅行社和旅游经营者、休闲潜水、语言求学和导游服务，负责研究、制定归口的各类旅游服务类标准，截至2013年年底，才发布11项标准，其中独立发布的只有4项，与ISO联合发布的有7项。旅游服务标准化委员会的成立也为欧盟主导世界旅游标准化工作奠定了坚实基础。

到了2005年，国际标准化组织（ISO）才成立了下属的旅游标准化工作机构——"旅游及其相关服务"技术委员会（ISO/TC228），秘书处设在西班牙，下设8个工作小组，分别为潜水、保健、旅游信息提供、高尔夫、海滩、自然保护区、探险、游艇和码头服务。截至2013年年底，参与的国家有55个，观察国有27个，共制定国际标准16项，正在制定或等待发布的国际标准6项。

一些旅游发达国家，像美国、德国、法国、西班牙、韩国、泰国、新加坡也都设立了本国的旅游标准化工作机构，纷纷开展本国的旅游标准化工作。

二、国外旅游标准化研究进展

国外对于旅游标准化的研究不是很多，国外的学者往往从比较小的方面入手研究旅游标准化问题。加文R.菲克，J.R.布伦特·里奇论述了SERVQUAL服务质量评测在四个主要领域中的运用；爱德华多，在《Tourism policy: a midsummer night's dream?》一文中提到19世纪30年代到40年代大众旅游兴起时，美国连锁酒店和航空公司通过品牌效应和标准化服务大大推动了旅游的发展，在欧洲这个角色则由旅行运营商来充当。在此阶段，规模经济和标准化的产品满足了大众市场的需求。弗来克·罗维斯通过对运用质量综合管理手段来提高欧洲各旅游目的地的市场竞争力进行研究。米哈利克·T在论述旅游目的地环境管理对增强旅游竞争力的重要作用时，提出对环境友好型的旅游产品和服务设立标准。沙维尔通过研究由公共部门、私营部门和非营利性组织在推进环境标准以及衡量方法的制定的进程，针对旅游酒店环境标准认证中存在的问题，提出旅游业环境认证需要在统一的全球标准体系的前提下进行，并制定出适合国家或地区的相应认证标准作为支撑。马特哈赫·尼对生态旅游及其认证进行了研究，就什么样的旅游是"生态旅游"这个问题，通过对生态旅游发展历程的回顾提出了生态旅游的标准认证问题，并提出了认证的发展面临的挑战和应对策略。维诺德·莎斯哈瑞尼、埃尔詹·莎莱卡亚、底波拉克斯泰特提出发展国家生态标签概念，并通过标准化的评估体系和流程，促进旅游目的地的环境改善和竞争力提高。

旅游数据的统计对于城市的管理者来说是一个难题。Karl（2000）运用标准化的思想建立了一个智能的数据库系统，城市旅游数据的标准化活动对于欧洲城市旅游业的发展起到了促进作用，而对于旅游目的地的可持续发展来说，游客对于环境条件标准的感知可以提供大量的有用的信息。苏珊等（2007）、莫娜等（2012）分别通过对澳大利亚开普山脉和伊朗卡拉奇河流域的调查，确定了旅游对保护区域影响的因素及标准。

国外的学者对于标准在实现可持续旅游发展的作用进行了研究。杰姆·本德尔等（2003）认为可持续旅游标准是打破政府垄断壁垒的重要手段，并基于WTO的相关文件给出了可持续的标准，对政府在旅游方面的政策和活动进行了批判。为了使标准认证活动达到可持续旅游发展的目的并实现旅游业的利益，沙维尔（2004）开展了对于可持续旅游和生态旅游认证标准的研究。

凯文福克斯谭（2005）分析了旅游标准化作为外部力量对于当地文化传统的影响。旅游税收和服务质量标准是实现旅游政策目标的两种工具。哈维尔等（2009）通过借助动力环境模型的分析工具，发现服务质量标准比税收更能达到旅游政策的目标，且更有效率。雷松（2010）则以亚太地区为例，指出限制这一地区旅游可持续发展的因素是员工的服务技能不足，并指出建立教育和培训的区域性标准可以帮助旅游目的地的员工提高服务质量，促进区域旅游的发展。

三、我国旅游标准化工作发展历程

从20世纪中叶起，服务业的发展逐渐超过了传统工业和农业的发展而成为全球主要产业。改革开放初期，我国旅游业发展迅猛，而旅游业中的饭店业，由于长期以来的种种问题，服务质量和整体管理水平低下，与国际饭店业的差距很大，一度成为制约旅游业发展的瓶颈。面对日益激烈的市场竞争，为了提高服务质量和管理水平、加快与国际饭店业接轨的步伐，国家旅游局在借鉴国际经验和总结探索的基础上，创造性地制定出我国旅游服务行业中第一个国家标准——《旅游涉外饭店的星级划分和评定》标准，开创了在旅游服务领域实施标准化管理的先例。纵观我国旅游标准化的进程和发展，可将旅游标准化分成三个发展阶段。

（一）起步阶段（1987—1995 年）

从实践来说，我国的旅游标准化工作起步早于欧洲国家。1987 年我国首次制定《旅游涉外饭店的星级划分和评定》，1993 国家技术监督局颁布实施，这是我国旅游行业的第一个国家标准，在 1997 年、2003 年、2010 年三次修订后名称变为《旅游饭店星级的划分与评定》。旅游饭店星级划分标准的出台，对我国的旅游行业尤其是饭店服务业起到了非常大的促进作用，并且对全国服务性行业标准化工作的推动也起到了非常显著的示范作用。

1995 年，经国务院标准化主管部门国家技术监督局批复，国家旅游局成立了旅游标准化专业机构——全国旅游标准化技术委员会（SAC/TC 210），负责旅游行业标准技术归口和标准解释工作。旅游标委会由国务院标准化主管部门（即国家标准化管理委员会，简称"国家标准委"）委托国家旅游局负责领导和管理，委员由旅游行政管理人员和旅游专家及旅游企业的专业人员组成。

旅游标委会的主要任务是，向国家旅游局和国家技术监督局提出全国旅游标准化工作的政策建议，协助国家旅游局组织全国旅游行业标准制定、修订、审查和复审工作。全国旅游标准化技术委员会，是我国第 210 个全国专业标准化技术委员会，同时也是世界上第一个专门以旅游业作为标准化对象的全国性标准化技术委员会。它的成立标志着我国旅游标准化工作将迈向新时代，也将对国际旅游标准化工作的开展发挥积极作用。

同期，国家旅游局在旅行社饭店管理司设立价格与标准化处，归口管理旅游标准化工作。全国旅游标委会的成立和国家旅游局标准化行政机构的设立，标志着我国旅游标准化工作从此由起步阶段进入发展阶段。

全国旅游标准化技术委员会成立以后，我国旅游标准化建设的各项工作全面展开。旅游标准化正朝着规范化、制度化方向发展。

（二）成长阶段（1995—2008 年）

全国旅游标准化技术委员会自成立以后，积极开展旅游标准与标准化的建设。无论从标准的制定、修订到旅游标准的宣贯，还是旅游标准化的管理与组织，都有效促进了我国旅游标准与标准化的成长。

1995—1999 年的 5 年间，国家旅游局相继制定了《内河旅游船星级的划分与评定》《导游服务质量》《旅游服务基础术语》《游乐园（场）安全和服务质量》《风景名胜区规划规范》五个国家标准和《旅游饭店用公共信息图形符号》《旅游汽车服务质量》《星级饭店客房客用品质量与配备要求》《旅行社国内旅游服务质量要求》四个行业标准。

1998年，国务院的"三定"方案中赋予国家旅游局"拟定各类旅游景区景点、度假区及旅游住宿、旅行社、旅游车船和特种旅游项目的设施标准和服务标准并组织实施"，"制定旅游从业人员的职业资格标准和等级标准并指导实施"的职能。国家旅游局设置了质量标准处，专职负责全国旅游标准化的具体工作，同时承担全国旅游标委会秘书处的工作。

1999年，国家旅游局起草、制定了《全国旅游标准化技术委员会章程》《全国旅游标准化技术委员会秘书处工作细则》。2000年，颁布施行了《旅游标准化工作管理暂行办法》和《旅游业标准体系表》，构筑了以旅游业诸要素为基础的旅游标准体系框架，为旅游业的进一步发展建立了科学、规范的技术支撑，是旅游标准化工作开展的重要依据，对全面提高旅游服务质量和管理水平、实现旅游业科学管理，起到了积极的促进作用。

2001—2003年的3年间，国家旅游局相继制定了《标志用公共信息图形符号第1部分：通用符号》《标志用公共信息图形符号第2部分：旅游设施与服务符号》《旅游区（点）质量等级的划分与评定》《旅游规划通则》《旅游资源分类、调查评价》《旅游厕所质量等级的划分与评定》六个国家标准和《旅行社出境旅游服务质量》一个行业标准。

2003年，第三届旅游标委会换届时，增设了旅游住宿、旅行社、旅游车船、旅游餐饮、旅游商品、旅游娱乐、旅游产品开发、旅游信息八个专家委员会。实行旅游标准立项年度计划申报制度，对建立旅游标准项目库和与国家标准化管理委员会年度立项计划工作的衔接都具有积极的意义。

2005年，国家旅游局起草、制定了《全国旅游标准化2006—2010年发展规划》，提出了今后5年全国旅游标准化发展的指导思想、主要目标、任务和措施，目的是推动我国旅游标准化工作不断深入，进一步提高服务质量和产业竞争力，保护消费者权益，促进我国旅游业加快发展，为实现旅游强国的宏伟目标提供强有力的技术支撑。

2004—2008年的5年间，国家旅游局相继制定、修订了《标志用公共信息图形符号》（包括第2部分：旅游休闲符号、第5部分：购物场所和第8部分：宾馆与饭店）、《内河旅游船星级的划分与评定》《旅游度假区设施与服务规范》《自然保护区生态旅游规划技术规程》《非公路用旅游观光车通用技术条件》《民族（民俗）文化旅游点规划建设与管理规范》《旅游公寓（别墅）星级的划分与评定》《旅游汽车公司资质等级划分与评定》《高尔夫会所星级的划分与评定》《导游人员等级评定》12个国家标准和《星级饭店访查规范》《绿色旅游饭店》2个行业标准。

（三）发展阶段（2009至今）

2009年12月22日，国家旅游局和国家标准化管理委员会在北京共同签署了《国家旅游局和国家标准化管理委员会关于推动旅游标准化工作的战略合作协议》。该协议明确了双方合作的指导思想和基本原则，确立了双方的合作机制。还确定了双方联合制定推动旅游标准化发展政策文件、推进旅游标准体系完善、建立旅游标准化人才培训制度，以及推动旅游标准化工作国际化和加强旅游标准化工作资金保障等五个合作的重点领域。在国家标准化管理委员会的技术支持下，国家旅游局于2010年启动了我国的旅游标准化试点单位建设。到目前为止，已有两批共41个地区、87家企业参加试点工作，其中37个地区、76家企业经试点达到工作要求，成为全国旅游标准化示范单位，试点工作取得显著成效。我国的旅游标准化工作进入快速、全面发展的阶段。

2009年以来，我国旅游标准的制定、修订成果显著，从2009年10月至2014年7月，与旅游相关的国家标准相继编制和修订了21个（见表2-1），其中，2009年3个，2010年为国家旅游标准丰收年，共有17个，2012年1个。国家旅游局相继编制和修订了28个（见表2-2），其中，2011年12个，2013年11个，2014年5个。

据不完全统计，截至2014年7月，我国已发布实施的地方标准以上的各级旅游标准达到几千个。其中，国家标准31个、旅游行业标准33个，标准数量在我国服务行业中处在领先地位，也是世界上旅游标准数最多、涉及面最大的国家。

表2-1 旅游业国家标准目录

序号	名称	标准号	实施日期
1	旅游服务基础术语	GB/T 16766-1997	1997-10-01
2	风景名胜区规划规范	GB/T 50298-1999	2000-01-01
3	旅游厕所质量等级的划分与评定	GB/T 18973-2003	2003-02-24
4	旅游资源分类、调查与评价	GB/T 18972-2003	2003-02-24
5	旅游规划通则	GB/T 18971-2003	2003-02-24
6	旅游景区质量等级的划分与评定	GB/T 17775-2003	2004-04-28
7	标志用公共信息图形符号第2部分：旅游休闲符号	GB/T 10001.2-2006	2006-06-01
8	公共信息导向系统设置原则与要求第5部分：购物场所	GB/T 15566.5-2007	2008-04-01
9	公共信息导向系统设置原则与要求第8部分：宾馆与饭店	GB/T 15566.8-2007	2008-04-01
10	内河旅游船星级的划分与评定	GB/T 15731-2008	2008-11-25
11	非公路旅游观光车安全使用规范	GB 24727-2009	2010-09-01
12	星级旅游饭店用纺织品	GB/T 22800-2009	2009-12-01
13	客运索道安全服务质量	GB/T 24728-2009	2010-06-01
14	旅游饭店星级的划分与评定	GB/T 14308-2010	2011-01-01
15	旅游娱乐场所基础设施管理及服务规范	GB/T 26353-2010	2011-06-01
16	旅游信息咨询中心设置与服务规范	GB/T 26354-2010	2011-06-01
17	旅游景区服务指南	GB/T 26355-2010	2011-06-01
18	旅游购物场所服务质量要求	GB/T 26356-2010	2011-06-01
19	旅游饭店管理信息系统建设规范	GB/T 26357-2010	2011-06-01
20	旅游度假区等级划分	GB/T 26358-2010	2011-06-01

(续表)

序号	名称	标准号	实施日期
21	旅游客车设施与服务规范	GB/T 26359-2010	2011-06-01
22	旅游电子商务网站建设技术规范	GB/T 26360-2010	2011-06-01
23	旅游餐馆设施与服务等级划分	GB/T 26361-2010	2011-06-01
24	国家生态旅游示范区建设与运营规范	GB/T 26362-2010	2011-06-01
25	民族民俗文化旅游示范区认定	GB/T 26363-2010	2011-06-01
26	旅游汽车公司资质等级划分	GB/T 26364-2010	2011-06-01
27	游览船服务质量要求	GB/T 26365-2010	2011-06-01
28	旅游业基础术语	GB/T 16766-2010	2011-06-01
29	游乐园（场）服务质量	GB/T 16767-2010	2011-06-01
30	导游服务规范	GB/T 15971-2010	2011-05-01
31	公共信息导向系统设置原则与要求第9部分：旅游景区	GB/T 15566.9-2012	2013-02-15

表2-2 旅游业行业标准目录

序号	名称	标准号	实施时间
1	旅游饭店用公共信息图形符号	LB/T 001-1995	1996.01.01
2	旅游汽车服务质量	LB/T 002-1995	1996.01.01
3	星级饭店客房客用品质量与配备要求	LB/T 003-1996	1997.01.01
4	星级饭店访查规范	LB/T 006-2006	2006.03.07
5	绿色旅游饭店	LB/T 007-2006	2006.03.23
6	旅行社服务通则	LB/T 008-2011	2011.06.01
7	旅行社入境旅游服务规范	LB/T 009-2011	2011.06.01
8	旅行社出境旅游服务规范	LB/T 005-2011	2011.06.01
9	城市旅游集散中心设施与服务	LB/T 010-2011	2011.06.01
10	旅游景区游客中心设置与服务规范	LB/T 011-2011	2011.06.01
11	城市旅游导向系统设置原则与要求	LB/T 012-2011	2011.06.01
12	旅游景区公共信息导向系统设置规范	LB/T 013-2011	2011.06.01
13	旅游景区讲解服务规范	LB/T 014-2011	2011.06.01
14	绿色旅游景区	LB/T 015-2011	2011.06.01
15	温泉企业服务质量等级划分与评定	LB/T 016-2011	2011.06.01
16	国际邮轮口岸旅游服务规范	LB/T 017-2011	2011.06.01
17	旅游饭店节能减排指引	LB/T 018-2011	2011.07.01
18	旅行社国内旅游服务规范	LB/T 004-2013	2013.05.01
19	旅游目的地信息分类与描述	LB/T 019-2013	2013.05.01
20	饭店智能化建设与服务指南	LB/T 020-2013	2013.05.01

(续表)

序号	名称	标准号	实施时间
21	旅游企业信息化服务指南	LB/T 021-2013	2013.05.01
22	城市旅游公共服务基本要求	LB/T 022-2013	2013.05.01
23	旅游企业标准体系指南	LB/T 023-2013	2013.05.01
24	旅游特色街区服务质量要求	LB/T 024-2013	2013.07.01
25	风景旅游道路及其游憩服务设施要求	LB/T 025-2013	2013.07.01
26	旅游企业标准化工作指南	LB/T 026-2013	2013.07.01
27	旅游企业标准实施评价指南	LB/T 027-2013	2013.07.01
28	旅行社安全规范	LB/T 028-2013	2014.01.01
29	旅行社服务网点服务要求	LB/T 029-2014	2014.07.01
30	旅行社产品第三方网络交易平台经营与服务要求	LB/T 030-2014	2014.07.01
31	旅游类专业学生饭店实习规范	LB/T 031-2014	2014.07.01
32	旅游类专业学生旅行社实习规范	LB/T 032-2014	2014.07.01
33	旅游类专业学生景区实习规范	LB/T 033-2014	2014.07.01

(四) 我国旅游标准化研究现状

改革开放30年来，我国旅游业已发展成为国民经济的重要产业，旅游业在促进改革开放、带动经济发展、推进文化建设、提升环境品质、改善国民生活、促进社会和谐等方面发挥了巨大作用。我国已成为世界旅游大国，成为推动世界旅游业发展的重要力量。对旅游业的蓬勃发展，旅游标准化工作发挥了非常重要的作用。通过实施旅游标准化带动战略，旅游标准化建设取得了明显的成效，同时，旅游标准化研究也渐成体系，主要表现在：

1. 旅游标准化研究机构相继成立

我国已成立国家级旅游标准化专业机构——全国旅游标准化技术委员会，并下设八个专家委员会，全面负责旅游业标准研究、编制等技术工作和相关组织工作。部分省、自治区、直辖市旅游行政管理部门也根据工作需要成立了相应的旅游标准化组织和研究机构，为有效推进我国旅游标准化工作发挥了积极作用。

2. 旅游标准化体系初步建立

2009年颁布了《旅游业标准体系表》，初步构筑了旅游业诸要素为基础的旅游标准体系框架，为旅游业的进一步发展建立了科学、规范的技术支持。

3. 旅游标准化研究模式确立

国家旅游局颁布施行了《旅游标准化工作管理暂行办法》等规定，逐步规范了旅游标准化研究模式。对旅游标准实行了年度立项计划申报制度，与国家标准化管理委员会年度立项计划工作实现了有效衔接。初步建立并形成了从旅游标准的立项、制定、颁布到宣贯、实施等系列旅游标准化研究推进模式。目前，旅游业已被国家标准化管理委员会列为国家服务业标准体系的重点领域。

4. 旅游标准化研究领域日趋完善

随着标准化工作在旅游行业中的作用显现，专家、学者对旅游标准化的研究也开始逐渐增加，目前国内学者对旅游标准化的研究主要集中在以下四个方面：

(1) 旅游标准化研究现状及述评

我国的旅游标准化研究始于 20 世纪 90 年代，其时，我国经济体制正在向市场经济转变。在市场经济条件下，彭德成（1997）认为，我国的旅游标准化工作需要根据市场的需求和行业的发展建立起一套适应我国社会主义市场经济的旅游标准化体系，刘纯（1999）探讨了我国市场经济条件下开展旅游标准化工作的可行性。随后，更多的学者开始总结中国的旅游标准化工作并将中国的旅游标准化工作同西方的旅游标准化工作进行对比研究，提出了中国和国外的旅游标准化在运行机制、标准数量、规范主体等方面存着的不同并分析了其原因（马震，2007；张明兰，2008）。李文苗（2010）则总结我国的旅游标准化出现了发展战略化、建设体系化、实施区域化、推广综合化的发展态势。

(2) 不同类型产品旅游标准化研究

对于旅游业不同产品领域的标准化研究，以饭店为对象研究的最多，这也与我国第一个旅游业国家标准来自饭店行业有关，学者们对饭店行业中的标准化与个性化的关系进行了大量的论述（郑向敏，1998；王伯启，2006；李乐京，2006）。除此之外，郑向敏、林美珍（2002）还对饭店业中标准化时空差异性、服务标准导向性与限制性、标准化中量性与机械性，以及标准化的科学性与操作性等问题进行了探讨；戴斌（2000）在对饭店服务标准化进程进行分析的基础上，以国际饭店为例，说明了中国的饭店业的发展方向还是以标准化为主、个性化为辅；周健伟（2008）对饭店业的标准化发展态势进行了分析，指出旅游者的消费模式、信息技术以及饭店集团的发展都会影响到饭店服务业的标准化发展。

目前，国内对于景区旅游标准化的研究还不是太多，陈亮（2005）、黄毅（2008）均以我国的景区 A 级标准为对象，对其推进景区的标准化过程进行了研究；邱萍（2006）对旅游服务质量与旅游景区及标准化的关系进行了论证，认为旅游景区服务质量的提升只有通过构建标准化服务模式的途径来实现。

对于生态旅游标准的研究，杨彦锋、徐红罡（2007）在分析生态旅游概念的演化与特质，并对国际上的生态旅游标准与认证项目的模型构建、发展现状和演化趋势进行总结的基础上，对如何建立我国生态旅游标准的问题进行了理论探讨；张敏、林立花（2008）以林芝地区为例，分析了建立生态旅游标准的迫切性，也尝试性地构建了林芝地区生态旅游标准化发展的规范体系；刘俊（2009）对比分析国内外生态旅游标准体系建设的现状，提出了我国的生态旅游标准建设应加快专业队伍组建、标准多元化和国际化等工作。

而随着我国旅游业态的不断发展，旅游标准化的研究视角也向相关的研究领域推进。李志刚、宾宁（2003）以桂林为例，施蓓琦、陈能（2008）以上海为例，分别对现代国际都市旅游标准化的相关方面进行了分析；周永博、谢雨萍（2005）对我国乡村旅游标准化进行了分析，也提出了乡村旅游标准化内容和实施乡村旅游标准化过程中需要注意的一些问题；张凌云（2011）对旅游休闲标准化的发展进行了研究，通过对国内外休闲标准化的对比，提出了我国休闲旅游标准化的发展策略。

（3）对旅游标准体系构建的研究

无论是从研究层面还是从实践层面，旅游标准体系都是旅游标准化工作的重点，而考虑到我国众多不同类型的旅游产品，学者也对我国不同类型的旅游标准体系进行了构建研究。窦群（2000），杨辉、李海燕（2006）对我国最早的以食、住、行、游、购、娱六大产业要素和基础、设施、服务、产品、方法五个方面交叉形成的旅游标准体系进行了论述，并给出了改进的意见；李晶博（2008）从构成要素、建设过程和利用层次三个方面构建了我国森林旅游标准体系的框架；张华云（2009）构建的海南国际旅游岛旅游标准体系分为专业门类、旅游要素和相关方三个层次；廖建华（2010）在国家旅游标准体系的基础上，以食、住、行、游、购、娱和综合类为纵轴，以基础、设施、服务、质量与安全、环境保护标准为横轴，构建了广州的乡村旅游标准体系；吕宁（2011）在国家旅游标准体系的基础上构建了我国城市公共休闲服务与管理标准体系框架。此外，赵艳昆（2009）介绍了在国际上比较知名的绿色环球21可持续旅游标准体系及其认证流程，为我国旅游企业开展此项认证提供了帮助。

（4）对旅游标准化影响及对策性研究

获取经济效益是企业开展标准化的动机之一。王暄（1997）分析了标准、服务质量与经济效益三者之间的关系，指出服务标准是提高服务质量、提升经济效益的有效手段；薄湘平、张慧（2005）基于旅游企业标准化活动能够提升企业竞争优势的机理，提出了我国旅游服务企业完善服务质量标准化的相关建议。如何测定旅游标准化给旅游业带来的经济效益是旅游标准化价值研究的难点，林章林（2009）采取旅游产业发展贡献因子评价的方法尝试着初步测算标准化对于旅游业发展的贡献水平。

第三节 我国旅游标准化发展战略与趋势

旅游标准化是旅游业发展的重要技术支撑，是提高旅游产品和服务质量、规范旅游市场秩序、强化行业监督管理、推动旅游产业转型升级、提升旅游产业总体素质和国际竞争力的重要手段，也是旅游业落实科学发展观、实现又好又快发展的必然要求。

一、总体战略

以党和国家的主题发展思想为指导，全面贯彻落实科学发展观，坚持以人为本，围绕我国旅游业转型升级和建设世界旅游强国的总体目标，大力实施旅游标准化引领战略，强化对旅游业发展的技术支持和基础保障作用，着力健全旅游标准体系，创新旅游标准化运行机制，扩大旅游标准覆盖领域，规范旅游市场秩序，全面提升旅游产品质量与服务水平，提升旅游产业素质和国际竞争力，为实现我国由世界旅游大国向世界旅游强国的历史性跨越，促进我国经济社会又好又快发展做出更大的贡献。

二、基本原则

（一）市场导向与政府推动相结合

适应市场需要，突出旅游企业主体地位，充分发挥政府的宏观指导和政策导向作用，加强组织领导和政策保障，创新标准化工作机制，形成政府部门、行业协会、相关企业、科研院所、中介机构共同推进旅游标准化工作的合力。

（二）重点突破与整体提升相结合

推进旅游标准化工作应与世界旅游强国建设紧密结合，要围绕旅游业发展的中心工作，重点加强基础性标准、行业急需标准以及涉及新型业态旅游产品标准的建设，并逐步向涉及旅游发展各基础要素的服务、管理、技术等标准领域拓展，以推动旅游标准化工作的整体提升。标准制定与标准实施相结合，在推进旅游标准化工作中，不仅要注重旅游基础理论研究、重视旅游标准的制定、修订工作，更要注重对旅游标准的贯彻实施，使标准真正成为旅游业发展的规范，成为旅游企业提升产品质量的标尺，成为广大旅游工作者自觉遵循的行为准则。

（三）自主创新与采用国际标准相结合

充分调动和发挥各级旅游主管部门、旅游企事业单位、社会组织和专家学者的积极性，创新性地探索具有中国特色的旅游标准化发展之路。积极采用国际标准和国外先进标准，加强与国际有关标准化组织的交流与合作，学习和借鉴国外先进的标准化经验，加速与国际接轨，不断提高我国旅游标准的国际化水平和国际影响力。

三、战略目标

旅游标准化发展战略目标主要包括以下几点。

（一）建立健全旅游标准体系

建立健全旅游业基础标准、旅游业要素系统标准、旅游业支持系统标准和旅游业工作标准等领域标准，形成完善的旅游业标准体系。

(二) 优化旅游标准运行机制

优化旅游标准运行机制，形成科学研制、动态提升、不断完善的旅游标准制定、修订工作制度；建立旅游标准化组织协同机制，使旅游标准化的相关机构、各级标准、实施环节有机衔接，并促进区域之间协同发展；建立旅游标准化宣传推广机制，使旅游标准化的宣传、贯彻和实施取得更大的成效；建立旅游标准化监管评估机制，通过对旅游标准适用性评价和对评定工作有效的监督、管理，提高旅游标准化水平。

(三) 实现旅游标准创新突破

实现在旅游标准自主创新和领域拓展、旅游标准化管理体制与机制创新、旅游品牌培育和质量提升、旅游标准化理论的研究与标准体系的构建等方面创新突破。

(四) 提升旅游标准影响力度

有效提升旅游行业规范度和旅游标准领域覆盖率，有效提升旅游产品质量和管理服务水平，有效提升旅游产业素质和旅游产业地位，有效提升旅游强国建设能力和旅游国际竞争力。

四、旅游标准化发展趋势

随着我国经济的不断发展、社会的不断进步，我国旅游业将保持强劲的发展动力。我国旅游业的快速发展、产业的转型升级、旅游强国目标的实现，需要旅游业发展各要素的加快完善、共同提升，需要各项旅游公共服务设施、各种旅游保障措施和技术手段的有效提供，这些都需要进一步发挥旅游标准化对产业发展的技术支撑和保障作用。因此，我国旅游标准化发展要在以下几个方面有所突破。

(一) 进一步完善我国旅游标准体系

不断完善旅游标准体系是旅游标准化工作的基础。虽然通过持续努力，我国旅游标准化工作取得了不俗的成绩，但目前还存在着标准覆盖面不宽、不广，部分标准的先进性、针对性、适用性不强等问题。要充分发挥各级旅游及相关部门和单位的作用，通过共同努力，逐步形成层次分明、结构合理、覆盖全面、各级标准定位准确，旅游业基础标准、旅游业要素系统标准、旅游业支持系统标准和旅游业工作标准四大业务领域标准相互衔接、配套完善的旅游标准体系，为更好地引领和规范旅游行业发展奠定基础。

(二) 进一步加大旅游标准制定、修订力度

旅游标准制定、修订工作是旅游标准化工作的前提。旅游标准的制定工作是一个动态的过程，应适应当前我国政府职能转变的需要并根据我国旅游业发展的新形势、新情

况和出现的新业态,在深化旅游标准化理论研究和实践的基础上,及时修订和完善现有的各类旅游标准,加快制定新的旅游标准,不断拓展旅游标准覆盖领域,使旅游标准能够满足旅游业发展和行业监管与服务的实际需要。

(三) 进一步创新标准化运行机制

旅游标准的运行和实施是旅游标准化工作的关键。应通过不断探索逐步构建起四大旅游标准化运行机制:①要建立旅游标准动态优化机制,形成科学研制、动态提升、不断优化的旅游标准制定、修订工作制度;②要建立旅游标准化组织协同机制,使旅游标准化的相关机构、各级标准、实施环节有机衔接;③要建立旅游标准化宣传推广机制,使旅游标准的宣传、贯彻和实施取得更大的成效;④要建立旅游标准化监管评估机制,通过对旅游标准适用性评价和对评定工作有效的监督、管理,提高旅游标准化水平。

(四) 继续做好旅游标准化试点示范工程

旅游标准化试点示范工程是有效推进旅游标准化工作的突破点。应在推出全国前二批旅游标准化示范单位的基础上,及时总结和推广首批旅游标准化示范单位的先进经验和好的做法,继续扩大试点范围,通过树立典型,以点带面,有效地促进旅游标准的推广和普及,促进旅游品牌的培育,促进旅游服务质量与管理水平的整体提升。

(五) 积极参与国际旅游标准化工作

参与国际标准化工作是提升我国旅游标准化水平的有效途径。应通过参与国际标准化工作,不断学习发达国家旅游业标准化工作的经验,取长补短,提高我国旅游标准的研制和实施水平,推动我国旅游标准化与国际接轨,在提高我国旅游业的国际化水平的同时,赢得中国旅游业在国际旅游标准化工作中的话语权。

第三章 旅游标准化原理与管理原则

第一节 概 述

原理是指自然科学和社会科学中具有普遍意义的基本规律，是在大量观察、实践的基础上，经过归纳、概括而得出的，既能指导实践，又必须经受实践的检验。原则也指说话、行事所依据的准则。

各国对标准和标准化的原理和原则都有一定的研究，由于译者对"principle"一词的理解不同，以至于对标准化的原理、原则有不同的汉译意义。

英国学者桑德斯编著的《标准化的目的与原理》一书中提出了"七原理"：简化原理；协调原理；优先原理；选择及固定原理；按时修改原理；取样方法及检验原理；法治原理。

日本学者松浦四郎在《工业标准化原理》一书中，全面、系统地研究和阐述了标准化活动过程的基本规律，提出了19项原则：

原则1：标准化本质上是一种简化，是社会自觉努力的结果。

原则2：简化是减少某些事物的数量。

原则3：标准化不仅能简化目前的复杂性，而且还能预防将来产生不必要的复杂性。

原则4：标准化是一项社会活动，各有关方面应相互协作来推动它。

原则5：当简化有效果时，它就是最好的。

原则6：标准化活动是克服过去形成的社会习惯的一种活动。

原则7：必须根据各种不同观点仔细地选定标准化主题和内容，优先顺序应从具体情况出发来考虑。

原则8：对"全面经济"的含义，由于立场的不同会有不同的看法。

原则9：必须从长远观点来评价全面经济。

原则10：当生产者的经济和消费者的经济彼此冲突时，应该优先照顾后者，简单的理由是生产商品的目的在于消费或使用。

原则11：使用简便最重要一条是"互换性"。

原则12：互换性不仅适用于物质的东西，而且也适用于抽象概念或思想。

原则13：制定标准的活动基本上就是选择然后保持固定。

原则14：标准必须定期评论，必要时修订，修订时间间隔多长，将视具体情况而定。

原则 15：制定标准的方法，应以全体一致同意为基础。

原则 16：标准采取法律强制实施的必要性，必须参照标准的性质和社会工业化的水平审慎考虑。

原则 17：对于有关人身安全和健康的标准，法律强制实施通常是必要的。

原则 18：用精确的数值定量评价经济效果，仅仅对于使用范围狭窄的具体产品才有可能。

原则 19：在拟标准化的许多项目中确定优先顺序，实际上是评价的第一步。

我国学者陈文祥的《标准化原理与方法》论述了简化原理是标准化的基本原理，同时提出标准化管理中应实施优化原则、动态原则、超前原则、系统原则、反馈原则，以及宏观控制和微观自由结合原则。

王征在《标准化基础概论》一书中提出了五项标准化基本原理：统一原理，简化原理，互换性原理，协调原理，阶梯原理。由于学者阐释的视角不同，认识并未完全一致。

李春田是我国著名的标准化专家，他提出了系统效应原理、结构优化原理、有序原理和反馈控制原理四项标准系统的管理原理。

综合国内外专家、学者的论述，其视角不同、所从事的行业局限或者把一些局部的规则扩大为原则，使得原理、原则混淆或者论述差异悬殊。**事实上，原理存在于标准化活动过程中，而原则则表现于标准化的管理，因此，我们必须弄清什么是标准化的基本原理和什么是标准化的管理原则。** 就旅游标准学而言就是必须强调旅游标准化的原理性和旅游标准化管理的原则性。

第二节　旅游标准化基本原理

旅游标准化原理存在于旅游标准的具体活动过程中，是揭示旅游标准化的基本规律（即标准化的基本准则），是制定、修改、废止、实施标准的指导思想，更是解释标准的准则。

总结前人的经验，结合旅游业标准化的实际，我们认为，**旅游标准化基本原理是指统一原理、简化原理、协调原理和最优化原理。**

一、统一原理

（一）统一原理概述

统一又称"统一化"，是指把同类事物两种以上的表现形态归并为一种或限定在一个范围内的标准化形式。统一化的目的是消除由于不必要的多样化而造成的混乱，为人类的正常活动建立共同遵循的秩序。旅游标准化统一原理就是为了保证旅游标准化发展所必需的秩序和效率，对旅游标准化的形成、功能或其他特性，确定适合于一定时期和一定条件的一致规范，并使这种一致规范与被取代的对象在功能上达到等效。

（二）统一原理的基本思想

（1）统一化的目的是确立一致性。
（2）经统一而确立的一致性适用于一定时期。
（3）统一的前提是等效。

（三）统一原理的要点

统一原理包含以下要点：
（1）统一是为了确定一组对象的一致规范，其目的是保证事物所必需的秩序和效率。
（2）统一的原则是功能等效，从一组对象中选择、确定一致规范，应能包含被取代对象所具备的必要功能。
（3）统一是相对的，确定的一致规范，只适用于一定时期和一定条件，随着时间的推移和条件的改变，旧的统一就要由新的统一所代替。

二、简化原理

（一）简化原理概述

简化是指在一定范围内缩减对象的类型数目，使之在既定时间内足以满足一般需要的标准化形式。旅游标准化简化原理就是为了对旅游标准化对象的结构、形式、规格或其他性能进行筛选、提炼，剔除其中多余的、低效能的、可替换的环节，精炼并确定出能够满足全面需要所必需的高效能环节，保持整体构成精简、合理，达到功能效率最高。

（二）简化原理的基本思想

（1）简化的目的是使标准化活动对象达到功能效率最高。
（2）经简化的标准化活动环节必须是高效能的，并保持整体构成精简、合理。
（3）简化的前提是满足经济有效的需要。

（三）简化原理的要点

简化原理包含以下几个要点：
（1）简化是为了经济，使之更有效地满足需要。
（2）简化必须坚持从全面满足需要出发，保持整体构成精简、合理，使之功能效率最高的原则。所谓功能效率，是指功能满足全面需要的能力。

（3）简化的基本方法是，对处于自然存在状态的对象进行科学的筛选、提炼，剔除其中多余的、低效能的、可替换的环节，精炼出高效能的能满足全面需要所必要的环节。

（4）简化的实质不是简单化而是精炼化，其结果不是以少替多，而是以少胜多。

（四）简化必须把握的两个界限

（1）简化的必要性界限

在事后简化的情况下，只有"当多样性的发展规模超出了必要的范围时"，才应该（或才允许）简化。

（2）简化的合理性界限

就是通过简化应达到"总体功能最佳"的目标。

三、协调原理

（一）协调原理概述

任何事物都处于广泛联系之中，存在着相关性，其在系统中作为一个功能单元，既受约束，又影响整个功能的发挥，必须与其他功能单元进行协调，在连接点上找到一致性，使整体功能最佳。协调原理就是为了使旅游标准系统的整体功能达到最佳，并产生实际效果，必须通过有效的方式协调好系统内外相关因素之间的关系，确定为建立和保持相互一致、适应或平衡关系所必须具备的条件。

（二）协调原理的基本思想

（1）协调的目的是使旅游标准系统的整体功能达到最佳。

（2）协调必须综合考虑在一定时间和空间内，使旅游标准化对象内外相关因素达到平衡和相对稳定。

（3）协调的前提是使旅游标准系统的整体功能满足一致、适应和平衡的需要。

（三）协调原理的要点

协调原理包含以下要点：

（1）协调是为了标准系统的整体功能达到最佳并产生实际效果。

（2）协调对象是系统内相关因素的关系以及系统与外部相关因素的关系。

（3）相关因素之间需要建立相互一致关系（连接尺寸）、相互适应关系（供需交接条件）、相互平衡关系（技术经济招标平衡及有关各方利益矛盾的平衡），为此必须确立条件。

（4）协调的有效方式有：有关各方面的协商一致，多因素的综合效果最优化，多因素矛盾的综合平衡等。

四、最优化原理

（一）最优化原理概述

最优化原理是指按照特定的目标，在一定的限制条件下，对旅游标准系统的构成因素及其关系进行选择、设计或调整，使之达到最理想的效果。

（二）最优化原理的基本思想

（1）最优化的目的是使旅游标准系统达到最简洁、理想的效果。

（2）最优化必须根据标准化目的，评价和求解标准目标的最优解答。

（3）最优化的前提是按照特定的目标，在一定的限制条件下。

（三）最优化原理的一般程序

最优化原理的一般程序如图 3-1 所示。

图 3-1　最优化原理的一般程序

（四）最优化原理的方法

（1）对于较为复杂的标准化课题，要应用包括计算机、网络在内的最优化技术。

（2）对于较为简单的方案的优选，可运用技术经济分析的方法求解。

五、统一、简化、协调和最优化之间的关系

旅游标准化的基本原理是"统一""简化""协调""最优化"，它们既是旅游标准化活动客观存在的规律性法则，又是指导旅游标准化实践活动的依据。

统一、简化、协调、最优化是对旅游标准化长期活动的总结，是相互关联的有机整体，在旅游标准化活动中起着重要的指导作用。

统一和简化原理是最基本和最普遍的旅游标准化形式。在实践过程中，统一和简化是互相渗透的，有时简化是为以后的统一打基础，有时标准化对象的统一往往开始从简化入手，而有时简化又是在统一的基础上展开的。在旅游标准化活动中统一和简化又展开为系列化、通用化、组合化和互换性的多种形式。无论是简化还是统一，都是经过协调一致，达到总体最优化的目的。

在统一、简化、协调过程中都贯穿了一个最基本的原则，就是从多个可行方案中选择、确定一种最佳方案，而最佳方案的选择和确定，必须借助于标准化的原则和方法。

标准化的四项基本原理都不是孤立地存在和起作用的，它们之间不仅密切关联，而

且在旅游标准化实践中相互渗透，相互依存，结合成一个有机的整体，综合反映企业标准的客观规律。

统一是目标，协调是基础，简化、最优化是统一、协调的原则和依据。

第三节 旅游标准化管理原则

旅游标准化管理原则是指在旅游标准化活动管理中必须遵循的准则和方法，是旅游标准编制、修订、宣贯、监督、评价等活动的保障，是旅游标准化有序、有效进行的保证。30多年的旅游标准化实践，我们总结出适合旅游标准化管理的系统管理、和谐管理和法治管理三大原则。

一、系统管理原则

系统原则是现代管理科学的基本原则之一，是指人们在从事管理工作时，运用系统的观点、理论和方法对管理活动进行充分的系统分析，解决和处理管理活动遇到的问题以达到管理的优化目标。系统是由处在一定环境下若干相互联系、相互作用的要素结合而成的，具有一定的结构和功能的有机整体。系统具有整体性、相关性、层次性、动态平衡性、目的性和环境适应性等特征。

系统的整体具有不同于组成要素的简单结合的性质和功能。即系统的各要素之间、要素与整体之间，以及整体与环境之间，存在着一定的有机联系，从而在系统的内部和外部形成一定的结构。可以讲，要素、联系、结构、功能和环境是构成系统的基本条件。标准是若干要素组成的有机整体，旅游标准化工作应当符合系统原则要求。

（一）系统原则要求旅游标准化管理工作须有分工与配合

标准和法律、法规和政策组成旅游行业监管规范体系，旅游行业的标准由旅游的行业管理机构落实实施，不同效力等级的旅游标准由相应权力等级机构进行分别管理，但是旅游行业监管或者政府监管必须凝合一个统一的整体，才能充分发挥应有的监管绩效。监管机构间不仅要有分工，还得有配合。

《标准化法》第5条规定：国务院标准化行政主管部门统一管理全国标准化工作。国务院有关行政主管部门分工管理本部门、本行业的标准化工作。省、自治区、直辖市标准化行政主管部门统一管理本行政区域的标准化工作。省、自治区、直辖市政府有关行政主管部门分工管理本行政区域内本部门、本行业的标准化工作。市、县标准化行政主管部门和有关行政主管部门，按照省、自治区、直辖市政府规定的各自的职责，管理本行政区域内的标准化工作。尽管《标准化法》规范的对象是工业产品，但是该条的配合和分工的规定对服务标准化和旅游标准化依然适用。

（二）系统原则要求旅游标准及其规则的等级清晰、适用范围明确、体系完整

旅游行业所制定的国家标准、地方标准、行业标准和企业标准的效力等级须清晰，适用范围必须明确。每个旅游标准中的具体效力性也须清晰，所规范的旅游行业实践内容应明确。旅游标准是旅游行业实践因素的有机整体，应当具备完整性，具体包括《标准化工作导则》所要求的全部内容。

（三）系统原则要求对旅游标准及时反馈、修改

社会知识日益膨胀，行业实践推陈出新，旅游标准不能凝固不变，而应当根据旅游行业新的业态要求，或者旅游行业环境的新要求，变更系统中过时、陈旧的规范，制定与时俱进的旅游标准。

二、和谐管理原则

和谐自古以来就是全人类的共同理想和追求，标准化的实质是让标准更为广泛接受和公认，达到相对和谐的目标，所以和谐管理自然是标准化管理的重要原则。

旅游标准化和谐原则：旅游标准化活动旨在维护旅游公平，保障生态安全，促进经济有序发展。旅游标准化和谐原则，实质上就是标准化管理的目标。

孔子曰："君子和而不同，小人同而不和。"

和而不同，说的就是虽有不同的想法和意见，但还是以"和"为贵，即以和谐为先。它包含三种含义：一是多样性的统一，"以他平他谓之和"；二是动态的平衡，不同"和实生万物"；三是各得其所，"乾道变化，各正性命"。

黑格尔在《美学》中阐述："和谐是从本质上见出的差异面的一种关系。""和谐一方面是具有本质上的差异面的整体，另一方面也消除了这些差异面的纯然对立，因此他们的互相依存和内在联系就显现为它们的统一。"和谐是社会事物之间在一定的条件下具体辩证的统一，是不同事物之间相辅相成、互助合作、互利互惠共同发展的关系。

旅游标准是各旅游事务不同要素差异的和谐的体系，而非仅仅是旅游事务要素对立的体系。和谐是一切旅游事务的前提，旅游标准化内在必须是和谐的，与旅游相关的其他关系也必须是和谐的。如果旅游标准不和谐就不可能存在，也难以在旅游实践中发生预期的效用，因此旅游标准化必须贯穿和谐原则。旅游标准化的和谐管理原则体现在：

（一）旅游标准内部各要素的和谐

每一个旅游标准都是由若干要素组成的体系，单一要素只是要素而已，不足以构成标准。每一个要素应当处于恰当的位置，其相互关系要符合旅游属性需求，符合有效旅

游的程序要求，并能够通过适当的技术，为从业人员的素质和技能所实现。也就是说既要有旅游标准文本的和谐，又能够满足旅游实践环节的和谐要求。

（二）旅游标准与外部环境的和谐

标准所依赖的外部环境包括其他行业的标准、法律、法规或者政策。处在社会化大分工的时代，社会成员的信息含量极其不对称，消解信息不对称的重要手段之一是建立不同的标准，实现社会衡量机制，避免专业霸权。旅游标准虽应以旅游业态需求而制定，然而旅游业是一个综合性极广泛的行业，与众多行业相关联，所以必须与不同行业标准协调一致，实行旅游生产的和谐，避免脱节。旅游标准是相关法律、法规或者政策可操作性在旅游业的具体化，自然应符合其上位效力规范的要求，不得与其上位规范相冲突，否则无效。旅游标准与外部社会环境的和谐还要求其处于社会管理的恰当位置。

（三）旅游标准设立、修改、取消的和谐

当代社会是一个多变的时代，日新月异。行业变化层出不穷，新业态不断出现，规范其制度亦随之而生，新业态的标准应当与其基础业态的标准相协调，不应横空出世，要体现制度的演进性。旅游标准均非一劳永逸，一成不变。随着旅游业的不断更新，旅游标准自然应及时更新。更新旅游标准须保持延续性，避免标准断裂、行业断裂。在更新标准的同时必然会引致标准的某些部分或者全部取消，也得维持标准的体系和谐。

（四）旅游标准是实现行业和谐发展的重要手段

在行业发展的初级阶段，经营管理水平、从业人员的技能和素质参差不齐，使得消费者花费同样的价格却获得不同的商品或者服务，严重影响消费者的利益。不正当竞争方式可能成为竞争的常用手段，阻碍行业发展。监管部门缺乏必要的监管依据，不宜依法治行。规范行业管理，保护消费者的合法权益，促进行业正当竞争，制定、推行旅游标准化管理是行业和谐发展的重要手段。

三、法治管理原则

标准法治化原则是指在标准化活动中，标准的制定需要以法律作为依据，标准化活动开展需要有法治作为保障，同时，标准化也是实现民主与法治的重要手段之一。因此，标准是法律的拓展，标准化是法治的延伸。

（一）法治是标准化的基础

法治是宏观治国方略，国家采用以法律为主的手段对社会进行控制；法治是一种理性办事原则，法律是人们事先设定的具有稳定性、连续性、普遍性、一致性的，且不受事发当事人的情感和意志所左右的规则，一经制定，任何组织的社会性活动都要受其约

束；法治是一种民主的法律模式与文明的法律精神，当代的法治是以民主为基础的，且具有"法律至上，善法之治，权利本位，正当程序，平等适用，权力控制"法治精神；法治的是一种和谐的社会状态，通过法律约束国家、政府的权力，合理分配公民利益，维护公民权利、利益和社会公共利益不受侵犯。因此，标准化必须以法治为基础，在标准化活动中注入"科学精神、人权思想、公民意识、权利义务观念"等理性文化要素，维护民主的法律模式，倡导文明的法治精神，成为实现社会和谐的积极性社会调控工具和规范、引导公民社会活动的规则。标准化以法治为基础，主要表现在两方面：首先，标准的制定必须以法律为基础，不得违背法治精神，不得与法律相冲突。其次，标准化活动必须以法律基本原则为根本原则，标准化活动必须在法律允许的范围内开展。

（二）法治是标准化的保障

法治是实现社会和谐发展的基本保障，标准化活动积极服务于社会的和谐发展，因此，标准化需要法治作为保障。

（1）标准化需要良好法治环境是分配社会资源、权利、利益等的制度性安排。社会公平正义的实现，需要法的正义予以保障。从制度体系化的角度来看，良好的法治环境正是以符合人的发展规律与正当诉求的规则体系来保障人的权利，并以富有规范性、黏合性、协调力和辐射力的综合效应，促成发展过程中各类主体的协调与和谐。只有在良法环境下，标准化活动才能正常开展，才能发挥对社会发展的规范、引领、评价、保障作用，才能实现推进社会和谐发展的最终目标。如果没有良法环境，标准化活动就会迷失方向、失去最终目标，致使标准化活动无法开展，甚至成为恶法的"帮凶"。

（2）标准化需要法律依据。标准化是法治的一部分，标准化需要法律、法规作为标准化活动依据。首先，必须要对标准化进行立法，规范标准化行为。其次，标准的制定，必须要有法律依据。这包括三个方面：一是标准的制定要在标准化法律规定下开展；二是标准的内容不得与法律相冲突；三是标准之间不得冲突。再次，标准化活动的开展要以法律为依据，标准化活动不得违法，标准化活动全过程要主动接受法律监督和社会监督，并进行法律评价、社会评价和系统性评价，以不断提高标准化的水平。此外，不同的标准化活动不得相抵触。最后，标准化机构需要法律授权，否则，标准化活动本身就不合法。

（3）标准化需要法律支撑。相对于法治而言，标准化是柔性的，标准化活动必须要有法律手段作为支撑。首先，标准的制定，是以法律为基础的，法律就成了标准支撑的基础；其次，标准化活动的开展，是在良法环境下开展的，没有良法的支撑，标准化活动无从开展；再次，对于涉及社会公平、生态安全、人身健康等强制性标准，需要法律手段对其进行支撑，没有法律手段的支撑，对于违反强制性标准的行为就无法进行惩戒和约束，标准化的作用就无法发挥。

（三）标准化是法治的手段

标准化是法治的重要手段之一。由于法律的刚性原因，一般情况下，在法律有所不及的地方可以采取三种补救措施：一是以个人的权力或若干人联合组成的权力作为对法律的补充；二是对某些不完善的法律进行适当的变更；三是加强法律解释。而这三者正是标准化可以利用本身的柔性特征，来对法律的缺陷进行弥补的重要途径。

（1）权力标准化对权力的运作，除了法律已经做了刚性规定外，标准化还必须对权利的运作程序、过程、范围等进行进一步规范和约束，对权力实施监督标准化，有效防止权利越位、缺位、错位，遏制权力寻租。

（2）法律补充标准化法律不完善的部分，标准化可以对其进一步补充。例如在一些法律的惩戒条文中，有罚款的规定，而对于罚款的标准，基本上是以数额来表示的。这其中存在很大缺陷：如果物价上升，罚款根本就起不到应有惩戒作用；如果物价下跌，则又显得惩戒过重甚至于无法兑现惩戒措施。法律如果因物价变化而进行频繁修订，则不但增加法治成本，还会失去法律的稳定性。因此，如果将惩戒条文中罚款数额等级化，然后由标准化机构定期发布物价指数报告，对照物价指数报告就可以确定罚款额。这样，不但可以解决上述难题，保持法律的稳定性，还可以避免执法自由裁量时的执法不公现象。

（3）法律解释标准化。对一些涉及内容较多且具有系统性的非刚性法律解释，可以将其标准化，进一步规范法律解释工作。此外，对于成文法而言，还可以借鉴判例法的做法，将一些判例系统化成法律条文或标准，作为对一般法律的补充。

（4）"德治"标准化作为对刚性法律的补充，标准化的柔性可以成为"法治"与"德治"联系的纽带。标准化对一些不能法律化而又需要规范的"道德"行为，可以将其标准化，来规范、引导公民的社会行为，维护社会的和谐，促进社会文明进步。

（5）公共管理标准化根据相关法律，对涉及生态环境、卫生与健康、劳动安全、社会公平、劳动环境等方面进行标准化，结合法律手段、经济手段和其他社会手段，对产品（事物、活动、过程或结果，如商品或服务、程序等）进行实行"生产许可"或"市场准入"约束，或者按照品质划分等级，或者限定使用范围（如人用与畜用、军用与民用、商用与农用等）。

（四）在标准化建设中的法治管理原则要求

1. 标准制定、修改、废止的法治原则

标准化建设是法治社会的重要内容之一，标准是法律、法规或者政策的具体化、可操作化。法律、法规或者政策的制定、修改、废止要遵循法治原则，标准的制定、修改、废止当然也要体现法治原则。标准的制定、修改、废止机构应当享有法律、法规或者政策的明确授权，制定、修改、废止的程序合法，通过和颁布亦得合法，不得随意擅自制定、修改、废止标准。

2. 标准形式、内容的法治原则

标准是法律、法规或者政策的具体化，其效力低于其所依赖的上位规范的效力，其具体内容不得与上位规范相抵触或者超越上位规范的授权范围，否则无效。每一个行业所制定的标准可能包括国家标准、地方标准、行业标准和企业标准，其效力由高至低等级依次为国家标准、地方标准、行业标准、企业标准。标准的形式也不得与上位规范性文件相抵触，否则其形式也是不合法的。

3. 标准实施、监督的法治原则

标准是其上位规范的具体落实，具有更强的可操作性，是行业监管的直接依据。行政机关或者行业组织在对行业实施监管时，所依据的标准应当是依法、有效的，对标准的解释应当依据制定部门或者标准中所授权机构的有效解释处理标准中的疑难，企业应当依据其所在行业的相关的法律、法规、政策、国家标准、地方标准或者行业标准进行生产或者提供服务，不得任意降低标准或者改变标准。在进行纠纷处理或者损害赔偿时，应当依法实施生效的标准，核查标准的效力等级、时效性和适用范围。

（五）LSP 协同原理

这里的 LSP 分别是 law（法律）、standard（标准）、policy（政策）的首字母。LSP 原理的前提是：法律必须是良法，在法治社会，法律是人类社会的最高行动准则，法律、标准、政策协同作用，共同管理着人类社会；标准是对法律的补充与延伸；政策则是法律、标准的灵活运用。

图 3-2 法律-标准-政策关系简图

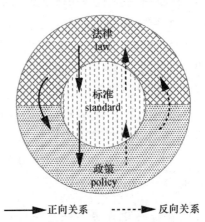

图 3-3 法律-标准-政策的作用关系

从图 3-2 可以看出，标准处于中间位置，法律对标准有指导作用，是标准化的依据。同样，法律是政策制定和执行的依据，标准也是政策的制定和执行的依据。

从图 3-3 可以看出，在三者关系中，还有两种关系：正向关系和反向关系（又称为反馈关系）。

（1）当法律不适应社会发展需要，就要进行修正或废止；不能反映社会普遍现象，失去其刚性特征时,就要对法律进行修正、废止,或者降为标准、政策。当标准:不适应社会发展需要,就要进行修正或废止;不能反映社会普遍现象,就要对标准进行修正、废止,或者降为政策。

(2) 随着社会的发展,一些政策对社会发展具有普遍而典型的指导作用时:若具有刚性特征,则上升为法律,或补充到某些法律中;若不具有刚性,则上升为标准,或者补充到某些标准中。当标准中所规定的内容对社会发展具有普遍而典型的指导作用且具有刚性特征时,则可以将其上升为法律,或补充到某些法律中。

第四章 旅游标准的制定

旅游标准化工作的首要任务是对自身工作的标准化，要遵循标准制定原则，保证标准文本编写以及标准制定程序的规范化。GB/T 1.1-2009《标准化工作导则第1部分：标准的结构和编写》是对标准化工作标准化的重要标准之一，该标准的规定用以指导如何起草我国各类标准，它是编写标准的标准。GB/T 1.2-2002《标准化工作导则第2部分：标准制定程序》是保证标准制定程序规范化的导则类标准，它的实施将保证在标准制定过程中充分吸收各利益相关方的意见，达到标准制定过程的公开透明、协商一致。

规范、清晰、统一、适用的标准文本，取决于标准中规范性要素的正确选取、标准文本结构的合理搭建，以及标准要素、条款、内容表述的清楚准确。标准起草者对标准编写总体原则的准确把握、对标准编写方法的正确运用，将影响对编写标准具体规则的理解，进而影响标准的最终质量。严谨、可实施、可考核的程序将保证标准制定过程的透明与公平。

第一节 旅游标准的制定原则

旅游标准的制定首先要掌握编写一般标准所要遵守的总体原则，再根据旅游业的自身特点，制定有针对性的编写原则。

一、一般标准的制定原则

全面掌握编写标准所需要遵循的总体原则，能够更加深入地理解编写标准的具体规定，并将这些规定更好地贯彻于标准编制的全过程。

（一）统一性

统一性是对标准编写及表达方式的最基本的要求。统一性强调的是内部的统一，这里的"内部"有三个层次：第一，一项单独出版的标准或部分的内部；第二，一项分成多个部分的标准的内部；第三，一系列相关标准构成的标准体系的内部。无论是上述三个层次中的哪一个层次，统一的内容都包括四个方面，即标准的结构、文体、术语和形式。

1. 结构统一

标准结构的统一是指标准的章、条、段、表、图和附录的排列顺序的一致。在制定分成多个部分的标准中的各个部分或系列标准中的各项标准时,应做到:各个标准或部分之间的结构应基本相同;各个标准或部分中相同或相似内容的章、条编号应尽可能相同。

2. 文体统一

标准的每个部分、每项标准或系列标准,相似的条款应由相似的语言文字来表述;相同的条款则必须由相同的语言文字来表述。

3. 术语统一

标准的每个部分、每项标准或系列标准内,对于同一个概念应使用同一个术语。对于已定义的概念应避免使用同义词。每个选用的术语应尽可能只有唯一的含义。对于某些相关标准,虽然不是系列标准,也应尽量保持术语统一。

4. 形式统一

标准形式的统一有助于对标准内容的理解、查找及使用。如 GB/T 1.1 中的许多规定实际上都是为了满足统一性而设置的。

(1) 列项符号:标准中使用的列项符号有破折号(——)和圆点(·),但在一项标准中或标准的同一层次的列项中,使用破折号还是圆点应统一。

(2) 无标题条或列项的主题:标准中可以用黑体字强调无标题条或列项的主题,然而如需强调主题,则某个列项中的每一项或某一条中的每个无标题条都应有用黑体字标明的主题。

(3) 条标题:虽然条标题的设置可以根据标准的具体情况进行取舍,但是在某一章或条中,其下一个层次中的各条有无标题应是统一的。

(4) 图表标题:标准中是否设置图、表的标题是可以选择的,然而全文中有无标题应是统一的。

(二) 协调性

统一性针对标准内部,而协调性是强调各标准之间的,它的目的是"为了达到所有标准的整体协调"。标准是成体系的技术文件,各有关标准之间存在着广泛的内在联系。标准之间只有相互协调,才能充分发挥标准系统的功能,获得良好的系统效应。为了达到标准系统整体协调的目的,在制定标准时应注意和已经发布的标准进行协调。遵守基础标准和采取引用的方法是保证标准协调的有效途径。

1. 遵守基础标准

每一项标准都遵守基础标准,就使得适用最广泛的标准得到了贯彻,保证每个标准符合标准化的最基本的原则、方法和基础规定,从而达到各标准之间在基本层面上的协调。

(1) 每项标准应遵循现有基础标准的有关条款,尤其涉及下列有关内容时:标准化原理和方法;标准化术语;术语的原则与方法;量、单位及其符号;符号、代号和缩略语;参考文献的标引;技术制图和简图;技术文件编制;图形符号。

(2) 对于特定技术领域，还应考虑涉及诸如下列内容的标准中的有关条款：极限、配合和表面特征；尺寸公差和测量的不确定度；优先数；统计方法；环境条件和有关试验；安全；电磁兼容；符合性和质量。

(3) 制定标准时除了与上述标准协调外，还要保持与同一领域的标准进行协调，尤其要考虑本领域的基础标准，注意遵守已经发布的标准中的规定。

2. 采取引用的方法

采取引用的方法而不采取重复抄录适用标准中的内容，可以避免由抄录错误导致的不协调，还可以避免由于被抄录标准的修订造成的不协调。

（三）适用性

适用性是指所制定的标准便于使用的特性，主要针对以下两个方面的内容。

1. 便于直接使用

任何标准只有被广泛使用才能发挥其作用，因此，标准中的每个条款都应是可操作的。在制定标准时就应考虑到标准中的条款是否适合直接使用。如果标准中的某些内容拟用于认证，为了便于这些内容的使用应将它们编制为单独的章、条或标准的单独部分。

另外，GB/T 1.1 对标准中某些要素设置的规定也是出于适用性的考虑。例如，之所以设置要素"规范性引用文件""术语和定义"，就是为了便于标准使用者在固定位置检索标准中规范性引用的文件和有关术语的定义。又如，标准中"索引"和"目次"的设定，分别从不同的角度方便了标准使用者了解标准的内容和结构，进而根据标准的章条和关键词检索标准中的规定。

2. 易于被其他文件引用

标准的内容不但要便于实施，还要考虑到易于被其他标准、法律、法规或规章所引用。GB/T 1.1 规定的标准编写规则中的许多条款实际上都是为了便于被引用而制定的。下面给出了从便于引用的角度出发做出的规定。

(1) 层次的设置

部分：如果标准中较多的内容有可能被其他标准所引用，需要考虑将这些内容编制成标准的一个部分。

条：如果标准中的段有可能被其他标准所引用，则应考虑将其改为条。

(2) 编号

条：条的编号采用阿拉伯数字加下脚点的形式。这种编号是标准特有的形式，它极大地方便了引用标准中的具体章条。

列项：在编写列项时应考虑列项中的某些项是否会被其他标准所引用，如果被引用的可能性很大，则应对列项进行编号（包括字母编号和数字编号）。

其他内容：标准中的每条术语，每个图、表、附录都应有编号，这些都是为了便于被其他文件所引用。

(3) 避免悬置条、悬置段

"无标题条不应再分条"（分条后的原无标题条称为"悬置条"）和"应避免在章标题或条标题与下一层次条之间设段"（所设的段称为"悬置段"）的规定都是为了避免引用这些悬置条或悬置段时造成混乱。

(四) 一致性

一致性指起草的标准应以对应的国际文件（如有）为基础并尽可能与国际文件保持一致。

1. 保持与国际文件的一致性程度

起草标准时，如有对应的国际文件，首先应考虑以这些国际文件为基础制定我国标准，在此基础上还应尽可能保持与国际文件的一致性，按照 GB/T 20000.2-2009 确定一致性程度，即等同、修改或非等效。

2. 明确标示一致性程度的信息

如果所依据的国际文件为 ISO 或 IEC 标准，则应按照 GB/T 20000.2 的规定明确标示与相应国际文件的一致性程度，还应标示和说明相关差别的信息。这类标准的起草除应符合 GB/T 1.1 的规定外，还应符合 GB/T 20000.2 的规定。

(五) 规范性

规范性是指起草标准时要遵守与标准制定有关的基础标准以及相关法律、法规。我国已经建立了支撑标准制定、修订工作的基础性系列国家标准，因此，起草标准应遵守这些基础标准的规定。实现规范性要做到以下三个方面。

1. 按照结构划分的原则确定标准的要素和层次

在起草标准之前，应首先按照 GB/T 1.1 关于标准结构的规定确定标准的预计结构和内在关系，尤其应考虑内容和层次的划分，合理安排标准的要素。如果标准分为多个部分，则应预先确定各个部分的名称。

2. 遵守制定程序和编写规则

为了保证一项标准或一系列标准的及时发布，起草工作的所有阶段均应遵守 GB/T 1.1 规定的编写规则以及 GB/T 1.2 规定的标准制定程序。根据所编写标准的具体情况还应遵守 GB/T 20000、GB/T 20001 和 GB/T 20002 相应部分的规定。

起草标准时，还需要遵守与标准制定有关的法律、法规及规章，例如：国家标准管理办法、行业标准管理办法、地方标准管理办法等。

3. 特定标准的制定须符合相应的基础标准

在起草特定类别的标准时，除了遵守 GB/T 1 的规定以外，还应遵守指导编写相应类别标准的基础标准。例如，术语（词汇、术语集）标准、符号（图形符号、标志）标准、方法（化学分析方法）标准、管理体系标准的技术内容确定、起草、编写规则或指导原则应分别遵守 GB/T 20001.1、GB/T 20001.2、GB/T 20001.4、GB/T 20000.7 的规定。

二、旅游标准的制定原则

旅游业标准体系建设是一项非常重要的基础性工作，不但涉及许多学科和专业门类，而且与社会经济有着密切的关系。在研究、编制旅游业标准体系、制定相关标准时，在遵循一般标准制定原则的前提下，还必须遵循以下基本原则：

（一）完整性原则

旅游业包含许多具体的产业门类，每个门类又涉及诸多具体的环节，标准体系作为在一定时期内指导标准修订工作的指导性文件，应该涵盖行业的所有门类和环节，确保引导行业的整体发展，也可以有效避免标准体系不断修改从而影响标准间的协调和统一。

（二）系统性原则

系统性是标准体系应具备的基本特征和主要出发点，因为标准体系每个标准的效应除了直接产生于各个标准自身之外，还需依靠许多标准的集合作用来体现。标准体系不是众多相互孤立和分散的标准的简单堆砌或叠加，而是以某种内在规律和关联为链接的一个有机整体。标准体系中的各个标准应相互联系、相互统一、互为支撑，不能相互矛盾。

（三）国际性原则

鉴于 ISO/IEC 已经发布了相关的旅游业国际标准，许多具有国际影响的国际组织也组织发布了在相当大的范围内被广泛接受的相关标准。为促进旅游业的国际化进程，标准在起草过程中要坚持国际性原则，科学地吸收和借鉴已有的国际标准及其他规范性文件。与此同时，慎重考虑中国旅游业发展的现实情况和特色，在国际化和符合国情上寻求良好的平衡。

（四）前瞻性原则

标准体系不仅应解决目前旅游行业发展中最迫切需要的标准问题，也应是引导行业标准化工作发展的指南性文件。因此，在构建旅游业标准体系时，既要考虑到目前的行业现实情况和需求，也要对未来的发展有所预见，使形成的标准体系不仅适用于现实需要，也能适应未来发展的需要。

（五）可扩展性原则

标准体系的构建是一个长期的过程，一个理想的标准体系是在相对完善的单个标准的基础上对这些标准实施组合、协调的结果。任何一个行业都是在不断发展和变化的，具有动态性，旅游业更是如此。因此，标准体系不能是封闭不可扩展的绝对固化结构，而应该是确保现有体系的完整、科学、联系、合理的前提下，可以顺畅地根据新出现的需求进行扩充的动态体系。

第二节 旅游标准的制定程序

制定程序是旅游业普通文件成为"标准"的必要条件之一，也是标准化工作者必须了解和遵守的内容。

一、旅游标准程序制定的基本原则和要求

旅游标准的制定程序遵循"协商一致""公平公正"和"公开透明"的工作原则。此外，我国还在法律、部门规章和导则类标准中提及了对标准制定工作的相关要求，并建立了一套比较完善的组织机制开展标准化活动。

（一）基本原则

"协商一致""公平公正"和"公开透明"是我国国家标准制定程序基本原则。

1. 协商一致

"协商一致"是在标准制定过程中进行讨论、解决分歧、达成共识的基本原则。协商一致是指对于实质性问题，重要的相关方没有坚持反对意见，并且按照程序对有关各方的观点进行了研究，且对于所有争议进行了协调。协商一致并不意味着没有异议，一旦需要表决，通常以四分之三同意为协商一致通过的指标。

达成"协商一致"的关键在于：一是有程序保证参与者充分表达意见；二是应该考虑所有重要的异议；三是有适当的时间和技术程序来讨论这些不同意见；四是有指标在无法取得一致的情况下判断"普遍同意"的程度。通过协商一致的决策方法完成的标准，代表着它的指标能被"一定范围"内的相关方普遍接受，从而提高了标准的有效性和适用性。

2. 公平公正

公平公正是指"没有任何相关方可以凌驾于程序之上或者受到特别的优待"。参与标准制定活动的各方要保证遵守标准制定过程中的时间节点和各项纪律，并从技术本身的适用性以及公共利益的角度出发去考虑标准的制定。

相应地，在关于标准制定的要求中，也有条款用于保证标准制定中的"公平公正"原则。例如，国家标准管理办法中就有规定，国家标准的起草人不能参加表决，其所在单位的代表不能超过参加表决者的四分之一。

3. 公开透明

公开透明是指"所有相关方都可以得到有关标准化活动的必要信息"。在标准的制定程序中，会对各阶段信息发布的范围和时限提出要求，指定固定媒体和渠道，定期公布标准项目立项、批准发布、修改、废止的信息等，任何人都可以通过相应的渠道对该项目提出建议和意见。

(二) 基本要求

在我国，标准制定程序的规定分布于相关法律、部门规章和支撑标准制定、修订工作的基础性系列国家标准中，其中最为重要的是以下三个文件。

1.《中华人民共和国标准化法》的要求

《中华人民共和国标准化法》(以下简称《标准化法》)中对"国家标准"进行了如下规定："对需要在全国范围内统一的技术要求，应当制定国家标准。国家标准由国务院标准化行政主管部门制定。"同时，《标准化法》规定了制定标准的目的：制定标准应当有利于保障安全和人民的身体健康，保护消费者的利益，保护环境；应当有利于合理利用国家资源，推广科学技术成果，提高经济效益，并符合使用要求，有利于产品的通用互换，做到技术上先进，经济上合理；应当做到有关标准的协调配套；应当有利于促进对外经济技术合作和对外贸易。此外，《标准化法》也对制定标准的参与方进行了规范：制定标准的部门应当组织由专家组成的标准化技术委员会，负责标准的草拟，参加标准草案的审查工作。标准实施后，制定标准的部门应当根据科学技术的发展和经济建设的需要适时进行复审，以确认现行标准继续有效或者予以修订、废止。制定标准应当发挥行业协会、科学研究机构和学术团体的作用。

2.《国家标准管理办法》的要求

《国家标准管理办法》对于国家标准的计划、制定、审批、发布和复审等过程进行了规定。该管理办法从"管理政策"的角度，对标准化法的原则和要求给予细化，并对制定程序中涉及的部分文件提出了内容和形式上的具体要求，对参与成员的选择与权限，以及管理部门的联络机制等进行了规定。

3.《标准化工作导则》的要求

GB/T1《标准化工作导则》通过持续地实施以及不断地修订和完善，在标准制定、修订工作中发挥了重要的指导作用。《标准化工作导则》分为两个部分，第1部分：标准的结构和编写；第2部分：标准制定程序。

GB/T 1.2《标准化工作导则第2部分：标准制定程序》规定标准制定、修订工作中涉及的技术程序，涵盖国家标准制定程序的阶段划分及代码，并保持与ISO/IEC导则的阶段划分的规定相一致。

二、旅游标准制定的程序

国家标准制定类型分为常规程序和快速程序。快速程序是针对技术变化快的标准化对象，适用于已有成熟标准建议稿的项目。旅游标准的制定采取常规程序。

中国国家标准的常规程序要依次经过标准制定的9个阶段（见图4-1）：预阶段、立项阶段、起草阶段、征求意见阶段、审查阶段、批准阶段、出版阶段、复审阶段和废止阶段。各制定阶段可以用代码表示为：00——预阶段，10——立项阶段，20——起草阶段，30——征求意见阶段，40——审查阶段，50——批准阶段，60——出版阶段，90——复审阶段，95——废止阶段。

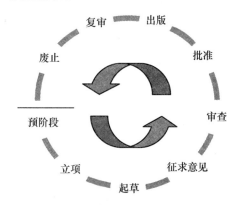

图4-1 国家标准的常规程序要依次经过标准制定程序

（一）预阶段

预阶段是编写标准前的准备阶段，主要是通过调研分析、选择需要编制的项目，向国务院标准化行政主管部门提出制定某项国家标准的建议。

预阶段的主要任务是由技术委员会评估项目提案（PWI），这是技术委员会甄选项目并考虑是否向国务院标准化行政主管部门上报项目建议书（NP）的过程。

1. PWI 的评估

对 PWI 进行评估的工作主要由技术委员会来完成，技术委员会接收并登记 PWI 标志预阶段的开始。技术委员会通过召开会议、分发信函等形式，对 PWI 进行必要性、可行性论证。技术委员会应根据评估的情况，决定是向国务院行政主管部门提交基于该 PWI 完成的 NP，还是不予采纳该 PWI。

2. 提交 NP

技术委员会在评估 PWI 后，若决定采纳该 PWI 并开展新项目，就应按评估的内容准备 NP 并提交给国务院行政主管部门。

NP 由技术委员会填写完成，其内容包括建议项目名称、建议单位信息、标准类别、制定或修订情况、时间周期、是否采用快速程序、对应的国际标准或国外标准情况、专利、识别、必要性、可行性和项目成本预算等内容。可以说，NP 反映了 PWI 的主要内容，以及技术委员会对该项目评价的结果。

NP 应附有标准建议稿或标准大纲，以供国家标准化行政主管部门详细了解拟规定的技术内容。其中，标准建议稿要给出各主要章条的标题和主要技术内容；标准大纲要给出标准的名称和基本结构，列出主要章条标题，并对所涵盖的技术要素进行说明。若为采用国际标准或修订现行国家标准的项目建议，应给出标准建议稿。

（二）立项阶段

立项阶段仍是编写标准前的准备阶段，表明项目的确定。立项阶段是国务院标准化行政主管部门审批 NP，决定是否开展标准制定工作，下达相关计划的过程。主管部门通过对 NP 进行审查和征求意见，做出是否进入下一阶段的决定。经过审查和协调通过的建议，将被列入国家标准制定、修订计划项目，并下达给各技术委员会。

（三）起草阶段

起草阶段的工作是编写标准草案的主体框架，是技术委员会成立工作组（WG），并由 WG 编写标准草案的过程。

1. 成立标准起草工作组

标准计划项目下达后，技术委员会将邀请标准起草单位的代表组成 WG。WG 的人员应具有代表性，精通该领域涉及的专业知识，应具有较丰富的专业知识和实践经验，熟悉业务，了解标准化工作的相关规定并具有较强的文字表达能力。

2. 拟定工作计划

WG 成立后，应首先制订工作计划，内容包括：确定标准名称和范围；设计主要工作内容；安排工作进度；为工作组成员分工；安排调研计划及试验验证；确认与外单位协作项目和经费分配等。

3. 开展调查研究

WG 应通过调查研究和试验验证工作确定该标准制定的目标清晰、准确，认真听取各有关方面的意见，与国际相关标准进行比对，从而确认技术指标。

开展调查研究，首先是要广泛收集与起草标准有关的资料并加以研究、分析。如：国内外标准资料，相关的科研成果、专利等。可选择具有代表性、典型性的调查对象进行有针对性的调查研究，或走访相关科研单位、高等院校、生产企业和消费者，广泛征求意见。

4. 起草并完成工作组讨论稿

WG 在参考 NP 所附的标准建议稿或标准大纲的基础上，充分讨论哪些是本标准应该规定的规范性要素和技术范围，应该如何规定，以及规定到何种程度。然后按照 GB/T1.1 的规定确认 WG 的结构，并进行编写和不断完善。同时，还要完成相关的编制说明和有关附件，用于在下一阶段中相关人员了解标准草案的制定背景和重要过程。

起草阶段编写的编制说明应包括但不限于以下内容：①任务来源、计划编号和其他基本情况；②WG简况，包括WG成立及其成员情况；③起草阶段的主要工作内容，包括但不限于重要WG会议的主要议题和结论等；④标准编制的原则；⑤技术内容的确定方法与论据；⑥重大分歧意见的处理经过和依据；⑦其他应予说明的事项，如与其他文件的关系、涉及的专利等。另外，可将调查分析报告作为编制说明的附件。

当WG对WD（工作组讨论稿）达成一致后，该版本的标准草案成为WD最终稿，用于起草阶段WG向技术委员会报送并申请登记为WD。同时还应填写一份"征求意见稿申报表"，用于WG向技术委员会申请标准制定工作进入下一阶段的事宜。若是采用国际标准制定国家标准的项目，还需要提交国际标准原文和（或）译文。技术委员会若确认报送的WD最终稿可以登记成为CD，则可进入征求意见阶段。

如果WG在编写标准草案主体框架的过程中，发现并确认该项目存在不宜继续制定的因素，则由WG向技术委员会提出建议项目终止的申请。若技术委员会同意关于建议终止项目的申请，将向国务院标准化行政主管部门提出相关申请，由国务院标准化行政部门决定是否终止。

（四）征求意见阶段

征求意见阶段为技术委员会对CD征集意见的过程，自技术委员会将WD最终稿登记为CD时开始。其主要工作开始的标志是技术委员会分发CD，主要工作结束的标志是WG处理完毕反馈意见。

1. 发往有关单位征求意见

技术委员会向其所有委员和其他相关方分发CD，必要时还可在公开的媒体上征求意见。征求意见时应明确征求意见的期限，一般为两个月，且不少于一个月。征求意见阶段由技术委员会分发的文件包括：

——技术委员会关于标准征求意见的通知，用于技术委员会向委员及其他相关方告之征求意见事宜；

——CD，用于向技术委员会委员以及其他相关方征求意见；

——编制说明及有关附件，用于被征求意见人员了解标准草案的制定情况；

——征求意见反馈表，用于被征求意见人员填写反馈意见。

若是采用国际标准制定国家标准的项目，还应附上国际标准原文和（或）译文。

2. 意见的反馈与处理

被征求意见的委员应在规定期限内回复意见，如没有意见也应复函说明，逾期不复函，技术委员会可按无异议处理。若委员对CD有重大异议，还需要具体说明依据。

在征求意见过程中，WG要随时掌握主要分歧，对于难以取得一致意见的问题，要及时进行调查、分析和研究，加强联系和协商，提出解决方案，作为进一步协调、统一的基础。此外，WG应对反馈回来的意见进行归纳、整理，逐条提出处理意见。对意见的处理，大致有下列四种情况：采纳；部分采纳；未采纳，并说明理由或根据；待试验后确定，并安排试验项目、试验需求以及工作计划。对意见的处理应填写《意见汇总处理表》，并要在其中准确体现章条编号、意见或建议，提出单位的名称和处理情况等信息。

3. 做出处理决定

在上述工作的基础上，WG 将做出下列申请之一：

（1）返回前期阶段。若反馈意见分歧较大，CD 需要进行重大技术修改，则需向技术委员会提出将该标准草案返回至起草阶段的申请。若需延长制定周期还应向技术委员会提出延期申请。

（2）建议终止该项目。经确认该 CD 存在不宜进入下一阶段的因素，需向技术委员会提出终止项目的申请。

（3）进入下一阶段。WG 处理反馈意见，完成 CD 最终稿后，将向技术委员会提出进入下一阶段的申请并报送相关材料。这些材料包括：CD 最终稿、增加有征求意见阶段主要工作内容和重大技术修改处理意见的编制说明及有关附件、意见汇总处理表等。采用国际标准制定国家标准的项目，还应报送国际标准原文和（或）译文。而技术委员会应在上述申请的基础上，做出下列决定之一：

① 返回前期阶段。同意关于返回至起草阶段的申请。若需要延长制定周期，则还要向国务院标准化行政主管部门提出延期申请。

② 建议终止该项目。同意建议终止项目的申请，向国务院标准化行政主管部门提出相关申请，由国务院标准化行政主管部门决定是否终止该项目。

③ 确认报送的 CD 最终稿，进入下一阶段。

（五）审查阶段

审查阶段是对标准的技术指标与要求是否适应当前的技术水平和市场需求等方面进行审查，以确保标准的先进性和合理性，同时审查该标准与其他相关标准的协调情况，是否与国家有关法令相抵触等。

1. 总体要求

审查阶段自技术委员会将 CD 最终稿登记为 DS（送审稿）时开始。主要工作开始的标志是技术委员会审查 DS；主要工作结束的标志是结束审查，由技术委员会提出审查意见。

审查工作将按《全国专业标准化技术委员会管理规定》组织进行，对技术及经济意义重大、涉及面广、分歧意见较多的项目宜用会议审查；其余的可采用函审。技术委员会至少应在会议审查召开日期或函审截止日期一个月前分发以下文件，以供委员审查：

——关于审查标准的通知，用于技术委员会向委员告之申请标准事宜；

——DS 作为该阶段的标准草案，供委员审查；

——编制说明，用于委员了解 DS 的制定情况；

——意见汇总处理表，用于委员了解征求意见阶段的意见处理结论；

——国家标准送审稿投票单，用于函审时返回委员意见和表达情况，可用于会审需要投票时；

——国际标准原文和（或）译文，适用于采用国际标准制定国家标准的项目。

2. 作出审查决定

在经过会议审查和函审后，技术委员会将做出下列决定之一：

（1）审查不通过并返回至征求意见阶段。若需延长制定周期，应向国务院标准化行政主管部门提出延期申请。

（2）审查不通过，由 WG 修改 DS 并重新进行审查。若需延长制定周期，应向国务院标准化行政主管部门提出延期申请。

（3）建议终止该项目。审查不通过且发现该项目存在不宜进入下一阶段的因素，则向国务院标准化行政主管部门提出相关申请，由国务院标准化行政主管部门决定是否终止。

（4）审查通过，决定通过该项目进入下一阶段，由 WG 对 DS 进行完善作为 FDS（报批稿）。FDS 和相关材料经技术委员会确认后向国务院标准化行政主管部门报送，申请报批。

3. 报送相关材料

审查阶段提交到批准阶段的文件包括：国家标准报批公文；国家标准报批文件清单；国家标准申报单；FDS；在会审或函审时用的 DS；征求意见稿；编制说明；国家标准送审稿审查结论表；审查会议纪要（会审时）；国家标准送审稿投票单；意见汇总处理表；采用国际标准制定国家标准的项目，还应提交国际标准原文和（或）译文。这些文件为批准阶段的审核工作提供依据。

（六）批准阶段

审查阶段结束后，标准草案的主要技术内容已经确定，随后将由国务院标准化行政主管部门决定是否给予其国家标准的效力。批准阶段由国务院标准化行政主管部门登记 FDS 时开始。批准阶段主要工作开始的标志是国务院标准化行政主管部门对 FDS 进行程序审核，判定标准的制定程序是否符合我国标准制定程序的规定；主要工作结束的标志是结束审核，提出审核意见。

1. 标准的审核

批准阶段的工作主要是对 FDS 进行程序审核，包括以下几个方面的内容：

（1）制定程序是否规范

国务院标准化行政主管部门将审核该项目：是否按照《国家标准管理办法》和《标准化工作导则》的相关要求开展制定工作；是否按立项时的规定时间完成；若延期，是否有相应的手续；所制定标准的名称、范围与计划有无变化；各环节是否有相关人员和单位的授权和确认。

(2) 相关文件是否规范

国务院标准化行政主管部门还将审核该项目过程中产生的各类标准草案和工作文件是否符合相关的规定，提交的种类和数量是否满足要求，从而确认该项目经过了必要的程序，并且遵循了相关的工作原则和要求。

2. 做出审批决定

在批准阶段，国务院标准化行政主管部门将做出以下几种决定：

(1) 决定该项目需要返回前阶段。例如，发现了程序不符合制定程序规定的问题，将 FDS 及相关工作文件退回技术委员会，返回至前期阶段。

(2) 发现该项目已不适宜技术经济发展的要求，可给予终止。

(3) 确认 FDS 及相关工作文件满足制定程序的要求，批准 FDS 成为国家标准，给予标准编号后纳入国家标准批准发布公告，并将 FDS 作为国家标准的出版稿交至出版社。

(七) 出版阶段

出版阶段为出版机构按照 GB/1.1 的规定，对上阶段提交的拟用于出版的标准草案进行必要的编辑性修改，出版国家标准的过程。出版阶段自国家标准的出版机构登记国家标准时开始，主要工作开始的标志是出版机构对国家标准进行编辑性修改；主要工作结束的标志是国家标准出版发行。

(八) 复审阶段

为了保证保证国家标准的适用性，在标准发布之后，相关的技术委员会还将继续保持对标准实施情况的跟踪和评估，开展维护工作，及进入复审阶段。每项国家标准的复审间隔周期不应超过 5 年。复审阶段由技术委员会布置复审工作时开始。主要工作开始的标志是技术委员会复审国家标准；主要工作结束的标志是结束复审，技术委员会形成复审意见。

1. 复审内容

技术委员会可以从以下方面考虑国家标准的适用性，对标准的内容进行复审：首先是实施过程中是否发现了新的需要解决的问题；其次是技术指标是否仍适应科学技术的发展和经济建设的需要；再次是标准中的内容是否与当前法律、法规有抵触；最后是采用国际标准制定的我国标准，是否需要与国际标准的变化情况保持一致。

2. 复审意见及其处理

由国务院标准化行政主管部门根据技术委员会的复审结论做出下列决定：

(1) 对标准进行修改。若国家标准中少量技术内容和表述需要修改，需要返回至起草阶段修改需要调整的技术内容，可采用"国家标准修改通知单"的方式发布修改内容。"国家标准修改通知单"的报批程序和格式按《国家标准管理办法》的相关规定执行。批准后的"国家标准修改通知单"将在国家标准化管理委员会网站等指定媒体上予以公告。

(2) 修订标准。若国家标准中技术内容和表述需要做全面更新，返回至预研阶段进入修订程序。

(3) 确认国家标准中技术指标和内容不需要调整，该标准继续有效。经确认继续有效的国家标准，其编号和年代号都不做改变。

(4) 发现经济技术的发展使得已经不需要针对标准所涉及的标准化对象制定标准，则使相应的标准进入废止阶段。

(九) 废止阶段

废止阶段主要是对需要废止的标准发条公告的过程。标准废止信息由国家标准化行政主管部门批准后在指定媒体上向社会公布。标准废止之后，原国家标准的编号同时作废，也不得再用于其他国家标准的编号。

以上九个阶段也是国家标准的生命周期，每一阶段都有相应的周期要求（见表4-1）。在特定的情况下，有的阶段可以省略，例如，如果在审查阶段的投票结果没有任何一个成员机构投反对票，便可以省略批准阶段，直接进入出版阶段。

表4-1 国家标准生命周期阶段划分

阶段代码	阶段名称	阶段任务	阶段成果	完成周期（月）
00	预阶段（PWI）	提出新工作项目建议	PWI	
10	立项阶段（NP）	提出新工作项目	NP	3
20	起草阶段（WD）	提出标准草案征求意见稿	WD	10
30	征求意见阶段（CD）	提出标准草案送审稿	CD	5
40	审查阶段（DIS）	提出标准草案报批稿	DS	5
50	批准阶段（FDIS）	提出标准出版稿	FDS	8
60	出版阶段（ISO）	提出标准出版物	GB/T，GB/Z	3
90	复审阶段	定期复审	确认；修改；修订	60
95	废止阶段		废止	

第三节 旅游标准的编写规则

编写标准具有严格的规则要求，首先要搭建标准的结构，再对结构中各要素进行编写，从而形成完整的标准文本。

一、标准的结构

标准的结构是标准内容的反映，搭建标准的结构是正式起草标准之前必不可少的工作。一个标准的结构由按照内容划分得到的"要素"和按照层次划分得到的"层"所构成。只有从标准的技术内容出发合理安排标准的要素和层次，才有可能在此基础上顺利起草相应的标准，并最终编制完成一个高质量的标准文本。

（一）按照内容划分

对标准的内容进行划分可以得到不同的要素，也就是说标准是由各类要素构成的。依据不同的原则可以将标准的要素分为不同的类别，每个具体要素又是由条款构成的，条款还可以采取不同的表述形式。

1. 要素

要素是构成标准的基本单元。依据要素的性质、位置、必备和可选的状态可将标准中的要素归为不同的类别，每种类别都有其特定的功能和意义。

（1）按照要素的性质划分

根据标准中要素的规范性或资料性的性质，可将一项标准中的所有要素划分为两大类型。

① 规范性要素。规范性要素是"声明符合标准而需要遵守的条款的要素"。规范性要素在标准中存在的目的是要让标准使用者遵照执行，一旦声明某一产品、过程或服务符合某一项标准，就须符合其规范性要素中的条款。

② 资料性要素。资料性要素是"标示标准、介绍标准、提供标准附加信息的要素"。资料性要素在标准中存在的目的是提供一些附加信息或资料，当声明符合标准时，这些要素中的内容无须遵守。然而，一些资料性要素能起到提高标准适用性的作用，有些要素（例如封面、前言）还是必备的要素。按照要素的性质对标准中的要素进行划分的目的就是要区分出：在声明符合标准时，标准中的哪些要素是应遵守的要素；哪些要素只是为了符合标准而提供帮助的，是不必遵守的要素。将一项标准中的所有要素进行这样的区分后，声明符合一项标准意味着并不需要符合标准中的所有内容，只需要符合其中的规范性要素即可，而其余的资料性要素无须使用者遵照执行。

（2）按照要素的性质和在标准中的位置划分

如果不但按照要素的性质（即规范性或资料性），还要按照要素在标准中所处的位置进行划分，可将标准中的要素进一步分为四个类型。

① 资料性概述要素。这类要素的性质是资料性的，是位于标准正文之前的四个要素，即封面、目次、前言、引言。要素的作用是提供概述信息，起到"标示标准，介绍内容，说明背景、制定情况以及该标准与其他标准或文件的关系"等功能。

② 资料性补充要素。这类要素的性质也是资料性的，是位于标准正文之后除了规范性附录之外的三个要素，即资料性附录、参考文献、索引。要素的作用是给出补充信息，起到"提供附加内容，以帮助理解或使用标准"的功能。

③ 规范性一般要素。这类要素的性质是规范性的，是位于正文中靠前的三个要素，即名称、范围、规范性引用文件。要素的作用是"给出标准的主题、界限和其他必不可少的文件清单等通常内容"，规范性一般要素不规定技术内容。

④ 规范性技术要素。这类要素的性质也是规范性的，是位于标准正文核心部分的要素，通常有：术语和定义，符号、代号和缩略语，要求，规范性附录，等等。要素的作用是"规定标准的技术内容"。

（3）按照要素必备的和可选的状态划分

按照要素在标准中是否必须具备的状态来划分，可将标准中的所有要素划分为两大类型。

① 必备要素。必备要素是在标准中不可缺少的要素。标准中的必备要素包括封面、前言、名称、范围。

② 可选要素。可选要素是在标准中不一定存在的要素，其存在与否取决于特定标准的具体需求。也就是说，这类要素在某些标准中可能存在，而在另外的标准中就可能不存在。例如：在某一标准中可能具有"规范性引用文件"这一要素，而在另一个标准中，由于没有规范性地引用其他文件，所以标准中就不存在这一要素。标准中除了"封面、前言、名称、范围"这四个要素之外，其他要素都是可选要素。

表4-2表明了按照上述原则划分后得到的各个要素类型、各类型中包含的具体要素以及它们之间的关系。

表4-2 标准中的要素

划分原则	要素类型		要 素
按照要素的"性质"和"位置"	资料性要素	概述要素	封面、目次、前言、引言
		补充要素	资料性附录、参考文献、索引
	规范性要素	一般要素	名称、范围、规范性引用文件
		技术要素	术语和定义、符号和缩略语、要求、……、规范性附录
按照要素在标准中是否必须具备	必备要素		封面、前言、名称、范围
	可选要素		必备要素之外的所有其他要素

2. 条款

标准的要素是由条款构成的。条款一般采取要求、推荐或陈述等表述形式。

在标准中根据条款所起的作用可将其分为三种类型，每种类型的条款有其独特的表述形式。

（1）条款的类型及表述

标准中的条款分为如下三种类型。

——陈述：表达信息的条款；

——推荐：表达建议或指导的条款；

——要求：表达如果声明符合标准需要满足的准则，并且不准许存在偏差的条款。

在标准编制过程中，上述三种不同类型的条款是通过使用不同的汉语句式或助动词来表述的。在使用标准时，也可以通过不同的汉语句式或助动词区分出标准中的条款是哪种类型的条款。

① 陈述型条款的表述。陈述型条款可以通过汉语的陈述句或利用助动词来表述。陈述句用来陈述事实，提供一般信息，典型用词有"是""为""由""给出"等；表达陈述型条款助动词有三种："可"或"不必"、"能"或"不能"、"可能"或"不可能"。

② 推荐型条款的表述。推荐型条款利用助动词来表述，通常用"宜"或"不宜"表示。

③ 要求型条款的表述。要求型条款可以通过汉语的祈使句或利用助动词来表述。祈使句直接表示指示，指示标准使用者需要完成的、不准许存在偏差的行动步骤；表达要求型条款的助动词有"应"或"不应"。

（2）表述条款类型的助动词

从前文的介绍可看出，使用不同的助动词可以表示不同类型的条款。通常使用的助动词有五类。表4-3给出了表述不同类型的条款使用的助动词以及在特殊情况下使用的等效表述形式。

表4-3　各类条款使用的助动词及其等效表述

条款	助动词	在特殊情况下使用的等效表述	功能
要求	应	应该、只准许	表达要求型条款，表示声明符合标准需要满足的要求
	不应	不得、不准许	
	表示直接的指示时，使用祈使句。例如："佩戴领队证。"		
推荐	宜	推荐、建议	表达推荐型条款，表示在几种可能性中推荐特别适合的一种，不提及也不排除其他可能性，或表示某个行动步骤是首选的但未必是所要求的，或（以否定形式）表示不赞成但也不禁止某种可能性或行动步骤
	不宜	不推荐、不建议	
陈述——允许	可	可以、允许	表达陈述型条款，表示在标准的界限内所允许的行动步骤
	不必	无须、不需要	
陈述——能力	能	能够	表达陈述型条款，陈述由材料的、生理的或某种原因导致的能力
	不能	不能够	
陈述——可能性	可能	有可能	表达陈述型条款，陈述由材料的、生理的或某种原因导致的可能性
	不可能	没有可能	

在"陈述允许"的情况下，不适用"可能"或"不可能"。
在"陈述允许"的情况下，不适用"能"代替"可"。
注："可"是标准所表达的许可，而"能"指主、客观原因导致的能力，"可能"则指主、客观原因导致的可能性。

标准中表达不同的规范性内容时，通常使用相关的助动词，例如"应"、"不应"等，只有在特殊的情况下，才可以使用助动词的等效表述形式，例如"应该"、"不得"。

(3) 条款内容的表述形式

标准中的要素是由各种条款构成的,在表述条款的内容时,根据不同的情况可采取以下五种表述形式。

① 条文。条文是条款的文字表述形式。标准中的文字应使用规范汉字,不得使用繁体字,应以 1986 年 10 月 10 日发布的《简化字总表》为依据。标准条文中的标点符号应符合 GB/T15843《标点符号用法》的规定。标准中数字的用法应符合 GB/T15835《出版物上数字用法的规定》的规定。

② 图。图是条款的一种特殊表述形式。当用图表述所要表达的内容比用文字表述得更清晰、易懂时,可以选择图作为表述形式。

③ 表。表也是条款的一种特殊表述形式。同样,当用表表述所要表达的内容比用文字表述得更简洁明了时,可以选择表作为表述形式。当需要大量数据或事件进行对比、计算时,表的优势十分明显。

④ 注和脚注。注和脚注是条款的辅助表述形式,通常用文字形式表述。在注和脚注中可以对标准的规定给出较广泛的解释或说明,由此起到对条款的理解和使用提供帮助的作用。注和脚注可以存在于规范性要素或者资料性要素中,是属于资料性的内容,都使用"小五号"字。

⑤ 示例。示例是条款的另一种辅助表述形式,通常多用文字形式表述,但也经常可以给出图、表。在示例中可以给出现实或模拟的例子,用以帮助标准使用者尽快掌握条款内容。示例可以存在于任何要素中,所要示例都属于资料性的内容,都使用"小五号"字。

(二) 按照层次划分

在编制某一标准时,为便于读者理解和正确实施、引用标准,层次的划分一定要做到安排得当、构成合理、条理清楚、逻辑性强,有关内容要相对集中编排在同一层次内。标准的层次划分为部分、章、条、段和附录。表 4-4 给出了标准各个层次的具体名称以及相应的编号示例。

表 4-4 层次及其编号示例

层 次	编号示例
部分	××××.1
章	5
条	5.1
条	5.1.1
段	[无编号]
列项	列项符号;字母编号 a)、b) 和下一层次的数字编号 1)、2)
附录	附录 A

1. 部分

部分是一项标准被分别起草、批准发布的系列文件之一，不是独立的标准，也不是系列标准中得一个标准，是一项标准内的一个"层次"。一项标准的不同部分具有同一个标准顺序号，它们共同构成了一项标准，不应将部分再细分出分部分。部分的序号用阿拉伯数字顺序表示，如 GB/T 1.1，就是 GB/T 1 标准的第 1 部分。

2. 章

章在标准层次中是基本组成部分，每章中可包括若干条或若干段。章的编号用连续的阿拉伯数字顺序编号。一项标准或部分，应该把"范围"要素作为第 1 章编排，如"1 范围"。每个章必须设标题，放置在章的编号之后，两者空一字距。

3. 条

条是对章的细分。每条可包括若干段，或者根据需要，第一层次的条可以再细分为第二层次有编号的条，在避免过度细分的基础上，不宜超过五个层次。条的编号按所在章和上一层次条的隶属关系，用连续的阿拉伯数字顺序编号。每一层次之间用脚点分隔。除非在同一层次上至少有两条，否则不应使用编号来分出一条。如：在第 5 章中，如果没有"5.2"条，就不应标出"5.1"条。第一层次的条最好设一个标题。在同一章内，第一层次的条有无标题要一致；在同一条内，下一层次的条有无标题要一致。

4. 段

段是对章和条的细分，是章或条中不编号的层次。在同一章或同一条内，其下一层次的第 1 条之前尽量不要出现没有编条号的悬置段，以避免引用这些段时产生混淆。

<u>注意：含有要求性的内容，绝对不能作为悬置段。</u>

5. 列项

列项是段中的一个子层次，可以在章或条中的任意段里出现，一般内容较为简短。列项中每一项可用带右半圆括号拉丁小写字母顺序编号或者破折号或圆点以示区分。优先采用带右半圆括号拉丁小写字母顺序编号的方式，以便于查找或引用。如果对列项中的某一项需要再进一步细分，则对其细分的项应用带右半圆括号的阿拉伯数字顺序编号以示区别。

6. 附录

附录按其所包含是否应实施的内容分为两类："规范性附录"、"资料性附录"。附录应用大写拉丁字母"A"开始，按条文中提及附录的先后次序顺序编号。仅有一个附录，亦应标为"附录 A"。附录应另起页编排，与标准正文分开。每个附录中的章、条、图、表、公式应隶属于附录的顺序编号，进行独立顺序编号，如：附录 C 中的第 3 个表编号为"表 C.3"。

二、规范性要素的编写

初步完成标准结构的搭建后可开始起草标准的工作。首先编写规范性要素，第一项工作是草拟标准名称，接着编写规范性一般要素中的范围、规范性引用文件，进而编写规范性技术要素，如要求，术语和定义，符号、代号和缩略语等，从而完成全部规范性要素的起草。其中的标准名称和范围是标准的必备要素，是完成标准必须要编写的内容。

（一）名称

名称是标准的必备要素，它应分别标识于封面（应标识中文名称和对应的英文名称）和正文首页（仅标识中文名称）的相应位置处，应置于范围之前。

1. 名称的构成

标准名称使用的要素不多于三种，这三个要素的顺序按照由一般到特殊排列，即：引导要素 + 主体要素 + 补充要素。

引导要素是表示标准所属的领域，一般用行业、专业类别或标准化专业技术委员会的名称来表述，是可选要素；主体要素表示在上述领域内所涉及的主要对象，是必备要素；补充要素指该标准（或该部分）或系列标准中各项标准所规定的技术特征，是必备要素。

2. 名称中各要素的选择

在起草标准名称时，只有准确选择并恰当组合标准名称的三个要素，才能确切表述标准的主题。

（1）主体要素

每个标准的名称都应有表示标准化对象的主体要素，在任何情况下，名称的主体要素都不应省略。

（2）引导要素的取舍

用引导要素明确标准化对象所属的专业领域。如果标准名称中没有引导要素会导致主体要素所表示的对象不明确时，就应有引导要素。如果标准名称的主体要素（或主体要素和补充要素一起）能够确切地概括标准所涉及的对象时，就应省略引导要素。

（3）补充要素的取舍

如果标准所规定的内容仅涉及了主体要素所表示的标准化对象的一两个方面，则需要用补充要素进一步指出标准所具体涉及的那一两个方面。如果标准所规定的内容涉及了主体要素所表示的标准化对象的几个（不是一两个，但也不是全部）方面，则需要用补充要素进行描述。在这种情况下，不必在补充要素中——列举这些方面，而应由诸如"规范"或"技术条件"等一般性的术语来表达。如果标准所规定的内容同时具备下面两个条件，则应省略补充要素：第一，涉及主体要素所表示的标准化对象的所有基本方面；第二，是有关该标准化对象的唯一标准（今后仍打算继续保持唯一标准这种状态）。

（4）部分的名称中要素的选择

当标准分成几个部分时，各个部分的名称应满足：

① 名称中应有补充要素，而且各部分中的补充要素应保持不同。这时的名称必须采

取分段式，可以是"主体要素补充要素"的两段式，也可是"引导要素主体要素补充要素"的三段式。

② 在补充要素之前需要加上"第 X 部分："，这里的"X"应是阿拉伯数字。

③ 每个部分的主体要素应保持相同，如果名称中有引导要素，则引导要素也应相同。

（二）范围

范围是标准的规范性一般要素，也是必备要素。每一项标准都应有范围，作为标准的第 1 章列在每项标准正文的起始位置。

由于范围是规范性一般要素，因此不应包含要求。任何对标准化对象提出的技术要求，应在标准的"规范性技术要素"的章条中规定，而不应在范围一章中涉及。

1. 范围的内容

范围的陈述应简洁，以便能够作为标准的"内容提要"使用。范围一般由主题内容和适用范围两个部分构成，必要时，还应指明不适用范围，从而表明对该标准的使用限制。

2. 范围的表述

主题内容应视标准化对象的具体情况，陈述时选择使用下列典型的表述形式：

——"本标准规定了……的尺寸。"
——"本标准规定了……的方法。"
——"本标准规定了……的特征。"
——"本标准确立了……的系统。"
——"本标准确立了……的一般原则。"
——"本标准给出了……的指南。"
——"本标准界定了……的术语。"

适用范围的陈述，应由下述引导语引出：

——"本标准适用于……"或者"本标准适用于……，……也可参照（参考）使用。"
——"本标准不适用于……"

当起草的文件为分部分出版的某个部分，或为国家标准化指导性技术文件时，应将上述表述中的"本标准……"改为"GB/T ××××× 的本部分……""本部分……"或"本指导性技术文件……"。

为了便于标准中的叙述，在范围一章中常常对标准名称中较长的、标准中需要重复使用的术语给出简称。如："本标准规定了标志用公共信息图形符号（以下简称图形符号）。"

（三）规范性引用文件

规范性引用文件是标准的可选要素，它应列出标准的规范性技术要素中被规范性引用的文件一览表。

1. 内容

"规范性引用文件"章由引导语和规范性引用文件一览表两个部分内容构成。

规范性引用文件一览表应由下述引导语引出：

"下列文件对于本文件的应用是必不可少的。凡是注日期的引用文件，仅所注日期的版本适用于本文件。凡是不注日期的引用文件，其最新版本（包括所有的修改单）适用于本文件。"

一览表中引用文件的排列顺序为：国家标准、行业标准、地方标准（仅适用于地方标准、企业标准的编制）、企业标准（适用于企业标准的编制）、国内有关其他文件、ISO 标准、IEC 标准、ITU 建议、ISO 和 IEC 或 ITU 有关文件、其他国际标准和其他国际有关文件。国家标准、ISO 标准、IEC 标准、ITU 建议先按类别相对集中，再按其顺序号排列。行业标准、其他国际标准和文件先按标准代号的拉丁字母顺序相对集中，再按其顺序号排列。

2. 编写注意事项

（1）严格地讲，规范性引用文件一览表的内容不是起草，而是在该标准中规范性引用其他文件进行汇总。

以下要素中引用其他文件为规范性引用：

① 规范性技术要素中规范性引用的。

② 图、表中的含有要求的段和含有要求的脚注中规范性引用的。

（2）下列文件不能列入规范性引用文件一览表中，而可列入资料性补充要素的"参考文献"中：

① 非公开的文件。

② 资料性引用的文件：

● 资料性概述要素和资料性补充要素中提及的；

● 其他资料性要素（如条文的注、条文的脚注和规范性要素中的示例）中提及的；

● 图、表的注和脚注中非要求内容提及的；

● 当规范性引用的其他文件有关内容较少，为方便使用需重复抄录时，用于标明其出处的。

③ 被指示性引用的标准。

④ 在标准编制过程中参考过的文件。

（3）制定标准时，若有规范性引用文件（哪怕仅仅是引用一个），则必须设置"规范性引用文件"章。而且，引导语不能改动。

（4）对于制定（仅限于对应 ISO、IEC 中的 3 类技术报告，即资料性文件的）标准化指导性技术文件，该章的标题为"引用文件"，而不用"规范性引用文件"。

（5）引用文件一览表中，注日期引用还是不注日期引用其他文件的表述，应依据规范性技术要素中规范性引用的方式而定。

（6）当不注日期引用一项标准的所有部分时，应在该标准顺序号之后标明"（所有部分）"及其名称的相同部分，即引导要素（如有时）和主体要素。

（7）对于注日期引用一项标准，若其随后的修改单亦适用时，亦应在其之下一一列出。

（8）规范性引用其他文件的一览表中，若有与国际标准有对应关系（包括等同、修改或等效、非等效）注日期引用的我国标准，应在其名称之后用圆括号标识我国标准对应的国际标准编号、该国际标准英文名称（若与我国标准对应的英文名称一致，则不标识）和一致性程度代号；对于不注日期引用的我国标准，应在其名称之后用圆括号标识当前最新版本的该我国标准的编号、对应的国际标准编号、该国际标准英文名称（若与我国标准对应的英文名称一致，则不标识）一致性程度代号。

注意：现在的修改采用（MOD）的含义不纯粹等于过去的等效采用（eqv），而涵盖过去的等效采用和非等效采用。

（9）对于直接引用的国际标准和国际其他文件，应在其中文译名之后的圆括号中保留原文名称。

（10）对于直接引用的国际标准和国外标准，其名称中各要素之间用分隔符"—"分开。

若被直接引用的国际标准或其他国际文件，需注日期引用，但这些文件尚未正式发布，处于询问（ISO/DIS，IEC/CDV）或最终草案（FDIS）阶段文件，则应用"—"的符号代表年号并加条文的脚注形式来表明。

（11）对于被引用的法规、规章，应按顺序写出其名称（加书名号）、发布机关、发布日期、文号，各要素之间空一字距编排。

（四）要求

"要求"是可选要素，规范性技术要素中的核心内容之一。如果选择"要求"作为"规范性要素"，则应该用"要求"二字作为章标题。

1. 与要求有关的原则

标准中需要规定的技术特性与标准化对象、标准的使用对象和制定标准的目的有关。一旦选择了需要标准化的技术特性，就需要针对这些特性提出要求。在具体提出要求之前，需要考虑两个问题：所选择的技术特性都是能够标准化的吗？如何对选定的技术特性进行标准化？"可证实性原则"是解决"哪些技术特性能够标准化"的问题；而"性能原则"是要解决"如何对选定的技术特性进行标准化"的问题。

（1）可证实性原则

可证实性原则是指"不论标准的目的如何，在'要求'要素中应只列入那些能被证实的要求"。该原则是针对规范性技术要素"要求"中的要求型条款的原则，是与"要求"一章有关的原则。可证实性原则即标准的要素"要求"中的要求型条款都是能够通过检验得到证实的。

标准中如对"结果"提出要求，其证实方法应是对结果的测量或测试，因此应规定相应的测量方法或试验方法。标准中如对"过程"提出要求，其证实方法应是对过程的监测。由于个人的行动或行为大多转瞬即逝，有时无法对每个行动或行为进行证实。因此对"过程"的要求，一般可采取审核、现场检查、过程记录或管理体系规定的某些检验方式进行证实，也可以采取派员驻厂、视频监控等多种方法。总之，在对过程提要求时也应考虑可证实性，要根据不同的情况规定不同的证实方法。

根据可证实性原则，虽然任何产品或服务都有许多特性，但不是所有的特性都能作为要求写入要素"要求"。在标准的"要求"中需要考虑下列情况：

① 不应列入没有证实方法的要求。无论要求所涉及的特性多么重要，只要没有证实方法就不应列入标准。

② 不宜列入不能在较短时间内证实的要求。如果某项要求（如产品的稳定性、可靠性或寿命等）有相应的证实方法，但无法在较短时间内得到证实，那么这项要求不宜被列入标准。

③ 不应列入不能量化的要求。凡是不能量化的要求，不应列入标准。

（2）性能原则

通过可证实性原则确定了需要标准化的技术特性后，如何对这些特性进行标准化是需要面临的又一个问题。性能原则就是要解决"如何对已经选定的技术特性进行标准化"的问题。

在解释性能原则之前，先介绍什么是性能特性和描述特性。性能特性是与产品的使用功能有关的特性，是产品在使用中才能体现出来的特性（如速度、可靠性、安全性等）；描述特性是与产品的结构、设计相关的具体特性，是在实物上或图纸上显示出来的特征（如机械产品在图纸中描述的尺寸、形状、粗糙度等）。

性能原则是指"只要可能，要求应由性能特性来表示，而不用设计和描述特性来表示"。这一原则是标准和技术法规都适用的原则。性能原则的实质是结果（是什么）与过程（怎么做）谁优先的问题，提倡"性能"优先，也就是提倡"结果"优先。遵循性能原则规定技术要求，可以给技术发展留有最大的空间。

2. 要求的表述

"要求"通常由若干需要证实的要求型条款组成，这些条款集中在一章中构成了要素"要求"。要求型条款由祈使句或包含助动词"应""不应"及其等效表述形式的词句构成。

对于技术类型属于规范类的标准，针对"要求"一章中的要求型条款，需要规定相应的证实方法。因此其表现形式具有特殊性，而这种特殊性，又与表达的是"结果"还是"过程"有关。

（1）表达"结果"的要求型条款

在规范类标准的"要求"中，表达"结果"的要求型条款通常包含四个元素：特性、证实方法、助动词"应"和特性的量值。

① 用条文表述。用条文表述要求时，应将证实方法与特性、特性的量值通过助动词"应"结合在一起。助动词"应"的位置应该在"特性的量值"之前，不应放在"证实方法"之前。因为"特性的量值"是声明符合标准时需要满足的准则，而"证实方法"是测定的条件。要求型条款的典型句式为："特性"按"证实方法"测定"应"符合"特性的量值"的规定。以下给出了四种不同情况下的表述实例：证实方法简单时，可以直接写在条文中；证实方法复杂时，可将其安排在另外一"条"中，再采用提及的方式；证实方法篇幅较大，可将其作为规范性附录，再采用提及的方式；已经有适用的试验方法标准，可采用引用标准的方式。

② 用表格表述。要求型条款数量较多时，适宜用表格形式表示。这种情况下，由于在表格中没有表述助动词"应"的位置，所以应在提及表格的条文中通过表述结果的要求型条款的典型句式用"应"指出表格内容的"要求"属性，例如："产品的特性按相应的试验方法测定应符合表X的规定"。表述要求型条款的表格的表头应包括：特性、特性量值和相应的试验方法（可用章条编号或标准编号代表）。

(2) 表达"过程"的要求型条款

由于"性能原则"的约束，标准的要素"要求"中规定"过程"的相对要少。对于过程的要求，大部分都是针对个人是否进行某项行动或从事某项行动的程度提出要求。在"要求"中，表达"过程"的要求型条款通常包含三个元素："谁"（有时省略）、助动词"应"和"怎么做"。

(3) 要求应与证实方法相一致

在要素"要求"中，要求型条款的表述方式应与证实方法保持一致。凡是对结果提要求，其证实方法应是对结果的测量或测试；对过程提要求，其证实方法应是对过程的监测。因此，凡是能用"结果"证实，就不应通过"过程"提要求。

(4) 要求应量化

列入标准的技术要求应使用明确的数值，不应使用"足够坚固"或"应有适当的强度"等定性的形式。

(五) 术语和定义

"术语和定义"是规范性技术要素，在非术语标准中该要素是一个可选要素。如果标准中有需要界定的术语，则应以"术语和定义"为标题单独设章，以便对相应的术语进行定义。"术语和定义"这一要素的表述形式相对固定，即由"引导语＋术语条目"构成。

1. 待定义的术语的选择

非术语标准中"术语和定义"中的术语是供标准自己使用的，因此术语的数量有限。选择在"术语和定义"一章中进行定义的术语需要符合以下条件。

(1) 多次使用的术语

标准中应仅定义在该标准中使用过的概念，或者在术语和定义一章的定义中使用的概念，同时这些概念应该在标准条文中多次用到。

（2）理解不一致的术语

标准中应仅定义那些不是一看就懂或众所周知的术语，或者在不同的语境中有不同解释的术语。对于通用词典中的词或通用的技术术语，由于它们的通用性，无须进行定义，但是如果将这些术语用于特定含义时，则应在标准中进行定义。

（3）尚无定义或需要改写已有定义的术语

标准中应仅定义在现行术语标准中尚无定义或已有定义不适用的术语。如果发现需要定义的术语已经在现行术语标准中被定义，则不应对这些术语重新进行定义，而应考虑引用这些定义。如果由于术语标准中的定义适用范围比较广，出现已有定义不完全适用的情况，可以在标准中对现有定义进行改写，同时应在改写的定义后用"注："特别提示定义已经被改写的事实。

（4）标准的范围所覆盖领域中的术语

标准中应仅定义标准的范围所能覆盖的领域中的术语。如果标准中使用的某个术语满足上面"（1）～（3）"的条件，但是该术语所涉及的领域不属于标准所覆盖的范围，也是标准中使用了属于标准范围之外的术语，则不应在标准的"术语和定义"一章中给出定义，以免被其他标准引用。

2. 引导语

在给出具体的术语和定义之前应有一段引导语。根据不同的情况，选择的引导语将不同。

（1）只有标准中界定的术语和定义适用时，应使用下述引导语：

——"下列术语和定义适用于本文件。"

（2）除了标准中界定的术语和定义外，其他文件中界定的术语和定义也适用时（例如，在一项分部分的标准中，第1部分中界定的术语和定义适用于几个或所有部分），应使用下述引导语：

——"……界定的以及下列术语和定义适用于本文件。"

——"……界定的以及下列术语和定义适用于本文件。为了便于使用，以下重复列出了……中的一些术语和定义。"

（3）只有其他文件界定的术语和定义适用，而本标准中没有界定术语和定义时，应使用下述引导语：

——"……界定的术语和定义适用于本文件。"（此时"术语和定义"一章中只有引导语，没有术语条目）

——"……界定的术语和定义适用于本文件。为了便于使用，以下重复列出了……中的一些术语和定义。"

3. 术语条目的内容

标准中的"术语和定义"一章是由术语条目构成的。这些术语条目最好按照概念层级进行分类编排。属于一般概念的术语和定义应安排在最前面。

任何一个术语条目应至少包括四个必备内容：条目编号、术语、英文对应词、定义。根据需要术语条目还可增加以下附加内容：符号、专业领域、概念的其他表述方式（如公式、图等）、示例和注等。

如果一个术语条目包含了上述必备内容和附加内容，这些内容的前后排列次序为：

（1）条目编号（用黑体字表述）；
（2）术语（用黑体字表述）；
（3）外文对应词（用黑体字表述）；
（4）符号（包括缩略语、量的符号）；
（5）专业领域；
（6）定义（包括文字、图、表、公式）；
（7）概念的其他表述形式（包括图、公式等）；
（8）示例；
（9）注。

<u>注意：以上除外文对应词外，每项内容均应分行表述。</u>

（六）符号、代号和缩略语

"符号、代号和缩略语"是规范性技术要素，在非符号、代号标准中该要素是一个可选要素。如果标准中有需要解释的符号、代号或缩略语，则应以"符号、代号和缩略语"或"符号""代号""缩略语"为标题单独设章，以便进行相应的说明。"符号、代号和缩略语"这一要素的表述形式相对固定，即由"引导语＋清单"构成。

1. 引导语

常用的引导语有：
——"下列代号适用于本文件。"
——"下列符号适用于本文件。"
——"下列缩略语适用于本文件。"
——"下列代号和缩略语适用于本文件。"

2. 符号、代号和缩略语清单的表述

上面在介绍术语和定义时曾经提到术语条目最好按照概念层级进行分类编排，但是对于标准中的"符号、代号和缩略语"章中的符号、代号或缩略语清单宜按下列次序以字母顺序编排：

——大写拉丁字母位于小写拉丁字母之前（A、a、B、b等）；
——无角标的字母位于有角标的字母之前，有字母角标的字母位于有数字角标的字母之前（B、b、C、C_m、C_2、c、d、d_{ext}、d_{int}、d_1等）；
——希腊字母位于拉丁字母之后（Z、z、A、a、B等）；
——其他特殊符号或文字（@、#等）。

由于字母顺序是有序的，所以符号、代号或缩略语的编排与术语不同，不需要另外编号，按照字母顺序很容易找到。只有在为了反映技术准则的需要时，才将符号、代号或缩略语以特定的次序列出，例如：先按照学科的概念体系，或先按照产品的结构分成总成、部件等，再按字母顺序列出。

每个"符号""代号"或"缩略语"均应另起一行空两字编排。之后空一字或者使用冒号（：）、破折号（——），然后写出其相应的含义。

对于缩略语清单，应在缩略语后给出中文解释，也可同时给出全拼的外文。

三、资料性要素的编写

规范性要素编写完毕，需要编写资料性要素。根据需要选择各自的具体要素。编写顺序可以是引言、前言、参考文献、索引和目次、封面等，其中前言和封面是必备要素。只有所有需要的资料性要素编写完毕，一个完整的标准草案才可以算完成。

（一）引言

引言是一个可选要素，如果需要设置引言，则应用"引言"作标题，并将其置于前言之后，或者说置于标准正文之前。由于引言是资料性概述要素，因此在引言中不应包含要求。

引言的作用主要是陈述与"为什么"有关的内容，说明标准的背景、制定情况等信息。在引言中说明的事项主要和文件本身的内容密切相关，与标准的前言相比较，引言和标准正文的关系更为密切。

1. 引言的表述

引言中可给出下列内容：

——编制标准的原因；

——有关标准技术内容的特殊信息或说明；

——如果标准内容涉及了专利，则应在引言中给出有关专利的说明（详见 GB/T 1.1-2009 附录 C 的 C.3）。

引言不应编号。如果引言的内容需要分条时，应仅对条编号，引言的条编为 0.1、0.2 等。根据情况，引言中的条可选择设标题和不设标题。引言中如果有图、表、公式，均应使用阿拉伯数字从 1 开始对它们进行编号，正文中相关内容的编号与引言中的编号连续。

2. 编写引言需要注意的问题

（1）引言中不应给出要求。引言是资料性概述要素，仅仅用来提供信息或说明，或者解释原因等，因此在引言中不应包含要求。

（2）引言中不应包含"范围"一章的内容。标准的引言中不应给出标准正文"范围"一章的内容，因此引言中不应出现"本标准规定了……""本标准适用于……"等叙述。

（二）前言

前言是一个必备要素，每一项标准或者标准的每一部分都应有前言。前言应位于目次（如果有的话）之后，引言（如果有的话）之前，用"前言"作标题。由于前言是资料性概述要素，因此在前言中不应包含要求和推荐型条款。另外，前言也不应包含公式、图和表。

前言的作用是提供与"怎么样"有关的信息，主要陈述本文件与其他文件的关系等信息，例如，与其他部分的关系，与先前版本的关系，与国际文件的关系等。与标准的引言相比较，前言和标准正文的关系较为松散。

1. 前言的表述

前言应视情况依次给出的内容和具体表述如下。

（1）标准结构的说明

这项内容只有在系列标准或分部分标准的前言中才会涉及。如果所起草的标准为系列标准或分部分标准，则在第一项标准或标准的第 1 部分的前言的开头就应说明标准的预计结构。在系列标准的每一项标准或分部分标准的每一个部分中应列出所有已经发布或计划发布的其他标准或其他部分的名称，而不必说明标准的结构。

（2）标准编制依据的起草规则的阐述

任何标准，只要是按照 BG/T1.1 的规定编制，就应包含该项内容。在表述标准编制所依据的起草规则时应提及 BG/T1.1。例如："本标准按照 BG/T1.1-2009 给出的规则起草。"

（3）标准所代替的标准或文件的说明

如果编制的标准是修订旧标准形成的新标准，或因为新标准的发布代替了其他文件，这时在前言中需要说明两方面的内容。

① 说明与先前标准或其他文件的关系。首先需要指出与先前标准或文件的关系是代替还是废除，给出被代替或废除的标准（含修改单）或其他文件的编号和名称（加书名号）；如果代替或废除多个文件，应一一给出编号和名称；如果代替或废除其他标准中的部分内容时，应明确指出被代替或废除的具体内容。

② 说明与先前版本相比的主要技术变化。说明与先前标准或其他文件的关系之后，应给出当前版本与先前版本相比的主要技术变化。一般来讲，新版本与旧版本相比主要技术变化无外乎以下三种：

——删除了先前版本中的某些技术内容；

——增加了新的技术内容；

——修改了先前版本中的技术内容。

说明与先前版本相比主要技术变化时，一般按照所涉及章条的前后顺序逐一陈述。针对上述三种技术变化情况，通常使用"删除""增加"和"修改"三种表述，同时在括号中给出所涉及的新、旧版本的有关章条或附录等的编号。

(4) 与国际文件、国外文件关系的说明

如果所制定的标准是以国外文件为基础形成的,可在前言中陈述与相应文件的关系。如果所制定的标准与国际文件存在着一致性程度(等同、修改或非等效)的对应关系,那么应按照 GB/T20000.2 的有关规定陈述与对应国际文件的关系。

(5) 有关专利的说明

凡可能涉及专利的标准,如果尚未识别出涉及专利,应在前言中用如下典型表述说明相关内容:"请注意本文件的某些内容可能涉及专利。本文件的发布机构不承担识别这些专利的责任。"

(6) 归口和起草信息的说明

在标准的前言中应视情况依次给出下列信息:

——"本标准由×××提出。"(根据情况可省略)

——"本标准由×××归口。"

——"本标准起草单位:××××、××××、××××。"

——"本标准主要起草人:×××、×××、×××。"

(7) 所代替标准的版本情况的说明

如果所起草的标准的早期版本多于一版,则应在前言中说明所代替标准的历次版本的情况。该信息的提供,一方面可以让使用标准的人员对标准的发展及变化情况有全面的了解;另一方面也可以给以后的标准修订工作提供方便,使参加标准修订的人员能够准确地掌握标准各版本发布的情况。

一个新标准与其历次版本的关系存在着各种情况,有时比较简单,有时情况又很复杂。无论是哪种情况,都应力求准确地给出标准各版本发展、变化的清晰轨迹。

前言中在表述上述内容时应根据具体的文件,将其中的"本标准……"相应地改为"GB/T××××的本部分……""本部分……"或"本指导性技术文件……"。

2. 编写前言需要注意的问题

编写前言时要注意区分哪些内容需要编写在前言中,哪些内容需要编写在标准的其他要素或其他文件中。为了避免在标准前言中出现不规范现象,编写时应注意以下问题。

(1) 不应给出要求

前言不应和标准的规范性技术要素的内容相混淆。由于前言是资料性概述要素,因此不应含有要求。

(2) 不应规定配合使用的文件

在标准分成多个部分时,前言中经常出现规定配合使用的文件,这类错误的发生也是混淆了标准的前言与标准的规范性技术要素。如果在标准中需要指出配合使用的文件,则应在标准的规范性技术要素中规定。

(3) 不应包含"范围"一章的内容

前言不应和标准的规范性一般要素"范围"一章的内容相混淆,也就是不应给出"范围"一章的内容。因此前言中不应出现"本标准规定了……""本标准适用于……"等叙述。

(4) 不应阐述编制标准的意义或介绍标准的技术内容

前言中阐述编制标准的意义或介绍标准的技术内容则是混淆了前言与引言。有些标准的前言中,一开始就介绍标准所涉及领域的国内外有关情况,有些还特别介绍有关技术发展情况、该产品在国家经济发展中的作用以及该标准的制定对促进技术进步等所具有的重要意义等。这些内容可在标准的编制说明中介绍,如果确需在标准中介绍,则应编入标准的引言。

(5) 不应介绍标准的立项情况或编制过程

标准的立项情况或编制过程不属于前言介绍的内容,而是标准编制说明中的内容。如果前言中陈述这些内容则是混淆了标准的前言与编制说明。

(三) 参考文献

参考文献为资料性补充要素,并且是一个可选要素。在编写标准的过程中经常会资料性地引用一些其他文件,当需要将被引用的文件列出时,应在标准的最后一个附录之后设置参考文献,并且将资料性引用的所有文件在参考文献中列出。

1. 参考文献可列出的文献

如需要可将以下文件列入参考文献:

(1) 标准中资料性引用的文件,包括:

——标准条文中提及的文件;

——标准条文中的注、图注、表注中提及的文件;

——标准中资料性附录提及的文件;

——标准中的示例所使用或提及的文件;

——"术语和定义"一章中在定义后的方括号中标出的术语和定义所出自的文件;

——摘抄形式引用时,在方括号中标出的摘抄内容所出自的文件。

(2) 标准起草过程中依据或参考的文件。除了在标准中资料性地引用的文件外,在标准编制过程中参考过的文件也可列入参考文献。

2. 如何列出参考文献

在文献清单中的每个参考文献前应在方括号中给出序号。参考文献中如果列出国内、国外标准或其他国内、国外文献,则应直接给出原文,无须将原文翻译后给出中文译名。

参考文献中所列的我国标准名称后,无须标示与国际标准一致性程度的标识。

(四) 索引

索引为资料性补充要素,并且是一个可选要素。编写索引是为了增加标准的适用性,可以提供一个不同于目次的检索标准内容的途径。如果需要设置索引,则应用"索引"作标题,将其作为标准的最后一个要素。

1. 索引的表述

建立索引时,检索的对象应为标准中的"关键词"(术语标准则为相关术语,符号标准则为符号名称或含义);索引中关键词的顺序依据其汉语拼音字母顺序排列;针对每个关键词应检索到它所对应的最低层次(条、章、附录)的编号,如关键词位于表中,则应检索到表的编号。

如需要索引的关键词较多,为了便于检索,可在汉语拼音首字母相同的关键词之前,标出汉语拼音的首字母。根据索引中关键词的长短可将索引编排成单栏或双栏。电子文本的索引宜自动生成。

2. 编写索引需要注意的问题

在编写标准的索引时,要注意索引的顺序应按关键词的汉语拼音顺序编排,不应和条文中章条次序或术语、符号的编号次序相一致。如果和章条或编号次序一样,则没有起到索引的作用。

"关键词"应该取自标准中的规范性技术要素,所以不应从下述内容中检索"关键词":

——前言、引言;
——标准名称、范围、规范性引用文件;
——资料性附录(一般不被索引);
——注、脚注、图注、表注、示例。

(五) 目次

目次为资料性概述要素,并且是一个可选要素。目次是不同于索引的另一个检索标准内容的要素,它可以一目了然地展示标准的结构和主要内容,从而方便了标准的使用。如果需要设置目次,则应以"目次"作标题,将其置于封面之后。

1. 目次的表述

目次中所列的各项内容和顺序如下:

(1) 前言;
(2) 引言;
(3) 章的编号、标题;
(4) 条的编号、标题(需要给出条时才列出,并且只能列出带有标题的条);
(5) 附录的编号、性质[即"(规范性附录)"或"(资料性附录)"]、标题;
(6) 附录章的编号、标题(需要给出附录的章时才列出);
(7) 附录条的编号、标题(需要给出附录的条时才列出,并且只能列出带有标题的条);
(8) 参考文献;
(9) 索引;

(10) 图的编号、图题（需要时才列出，并且只能列出带有图题的图）；

(11) 表的编号、表题（需要时才列出，并且只能列出带有表题的表）。

具体编写目次时，在列出上述内容的同时，还应列出其所在的页码。

2. 编写目次需要注意的问题

(1) 虽然目次是可酌情取舍的要素，但是一旦决定设置目次，所列出的内容不应任意取舍。标准的各个要素是应列出的内容，包括前言、引言（如有）、章的编号及其标题、附录（如有）（包括附录编号、附录性质和附录标题）、参考文献（如有）和索引（如有）等。

(2) 除了上述内容之外，其他内容可根据具体情况选择列出。目次中选择列出的条、附录章、附录条、图、表等都应是带有标题的，如果没有标题就不应被列出。

(3) "术语和定义"一章中的术语不应在目次中列出。从术语和定义这一章的编排格式可看出，术语和其条目编号没有被排在同一行，这是因为术语不是条的标题。而目次中列出的都应是带有标题的内容，因而不是条标题的术语不应在目次中列出。

(4) 目次中所列出的内容，包括编号、标题、页码等均应与文中完全一致。

(5) 在电子文件中，目次应自动生成，不需手工编排。这样可以避免出现手工编辑目次造成的遗漏、错误等现象。

（六）封面

封面是资料性概述要素，同时又是一个必备要素。封面不仅仅是一项标准的包装，它还起着十分特殊的作用，在标准封面上标示着大量识别标准的重要信息。

在标准封面上需要标示以下 12 项内容：标准的层次、标准的标志、标准的编号、被代替标准的编号、国际标准分类号（ICS 号）、中国标准文献分类号、备案号（不适用于国家标准）、标准名称、标准名称对应的英文译名、与国际标准的一致性程度标识、标准的发布和实施日期、标准的发布部门或单位。

标准征求意见稿和送审稿的封面显著位置还应按 GB/T1.1-2009 附录 C 的 C.1 的规定，给出征求标准是否涉及专利的信息。

第五章　旅游标准体系建设

经济全球化的重要标志是贸易全球化、生产全球化、金融全球化和信息全球化。我国加入 WTO，标志着我国已全面融入经济全球化的进程。全球化给我国经济发展造就了良好的机遇，同时也带来严峻的挑战。在这种大环境下，服务标准化是国际经济发展的趋势，建立与国际接轨的服务质量标准体系势在必行。本章在研究标准体系理论和企业标准体系相关国家标准的基础上，结合旅游业自身特点和要素系统，提出了旅游行业标准体系和旅游业相关要素企业的标准体系，为旅游业组织建立企业标准体系提供参考。

第一节　我国旅游标准体系建设概况

我国作为世界旅游大国，逐渐成为推动世界旅游业发展的重要力量。为了全面提升我国旅游业的管理水平和服务质量，国家旅游局颁布了《全国旅游标准化发展规划(2009—2015)》，提出大力实施旅游标准化引领战略并着力健全旅游标准体系，并在全国范围内开展了旅游标准化试点工作，大力推动标准实施。

一、旅游标准化与标准体系

标准化是"为了在一定范围内获得最佳秩序，对现实问题或潜在问题制定共同使用和重复使用的条款的活动"，实施旅游标准化的目的在于，全面提升旅游产品质量和服务水平，从而提升我国旅游企业的基本素质和国际竞争力。标准体系是一定范围内的标准按其内在联系形成的科学的有机整体，组成标准体系的基本单元是标准。标准体系表是用图表的形式表达标准体系的一种工具，它是一定范围的标准体系内的标准按一定形式排列起来的图表，包括现有的、应有的和预计将来应制定的标准。标准体系其实就是标准系统，它不是个体标准作用的简单叠加，而是形成合力对整个系统产生完整效能，使系统形成良性循环，从而为实现组织目标提供有效支撑。

旅游标准体系既是旅游标准化活动结果的集成表现形式，又是开展旅游标准化活动的技术支撑和保障，标准体系为旅游业标准化工作指明了方向，是标准化工作落实的体系保证，建立科学、合理的旅游业标准体系是旅游标准化工作的坚实基础。

二、国家旅游标准体系现状

国家旅游局于2000年发布的《旅游业标准体系表》首次建立了以旅游六要素为基础的标准体系框架，是全国旅游行业标准的指导性文件。2009年出台的《全国旅游标准化发展规划（2009—2015）》对该体系进行了全面修订，标准体系明细表中已制定和待制定的标准数量由55项增加到了103项。其中，已经制定并发布的国家标准31项、行业标准33项。旅游标准体系由2000年版的两层架构升级成为现行的三层架构，根据旅游业的基本特点和标准技术的共性特征，将服务标准、技术标准和管理标准的内容融入标准体系之中，标准体系的系统性和科学性得到了进一步提升。

为了使标准体系更能有效领引和指导本地旅游业的发展，四川、浙江、北京、上海、云南等省市都相继编制了适合本土发展的标准体系，对本地的旅游标准化建设影响巨大，极大地推动了当地旅游标准化的实施与推进，加快了旅游业有序发展的步伐。特别是四川省，作为旅游标准化唯一的试点省，不仅制定了较为完整的标准体系，而且编制了大量的标准，并进行了具体的宣贯与实施，取得了标准化示范的资格，是全国学习的榜样。

总体来说，我国旅游标准体系的建设还处于起步阶段。旅游产业链长、覆盖面广，旅游经济活动涉及领域众多，吃、住、行、游、购、娱等各要素之间不可避免地存在交叉。随着旅游业的不断发展，2009年版的国家旅游标准体系暴露出一些问题，有必要对现有标准体系进行深入研究，建立既符合标准体系基础理论要求，又与旅游业自身特点及其发展规律相吻合的标准体系。

第二节 2009年版旅游标准体系简介与评价

2009年版的《旅游业标准体系》（见图5-1），是按照《标准体系表编制原则和要求》（GB/T 13016-1991）、《综合标准化工作导则原则与方法》（GB/T 12366.1-1990）等要求进行编制的。与《服务业组织标准化工作指南 第2部分：标准体系》（GB/T 24421.2-2009）、《标准体系表编制原则和要求》（GB/T 13016-2009）和《综合标准化工作导则》（GB/T 12366-2009）的规范和要求基本接近，可以说是当时服务业中标准体系建设的一种创新。值得一提的是，该旅游标准体系在世界上也是首创。

2009年版的《旅游业标准体系》以国家的服务、技术和管理法规与标准为指导，以相关标准为补充，共分为四大分体系和21个子体系。

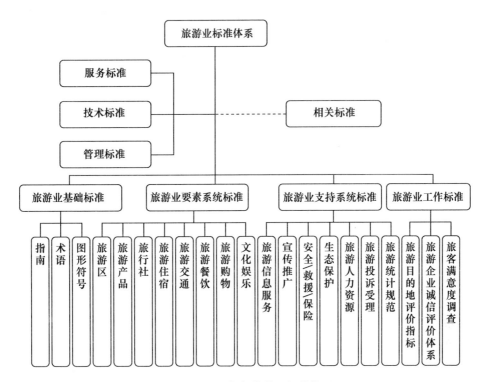

图 5-1　2009 年版旅游业标准体系

一、旅游业基础标准

旅游业标准体系的基础标准包括：指南、术语与图形符号（见图 5-2）。

图 5-2　2009 年版旅游业基础标准

指南模块包括：旅游业标准化工作基本要求、标准体系、标准编写和标准评价与实施。

术语模块包括：旅游业基础术语、旅行社术语、旅游饭店（酒店、住宿、餐饮）术语、旅游区术语、旅游新业态术语。

图形符号模块包括：对旅游业的相关国家标准和行业标准、城镇旅游导航系统、旅游区旅游导航系统、旅游交通导航系统、新业态旅游导航系统。

二、旅游业要素系统标准

旅游业要素系统标准体系有八大模块组成：旅游区、旅游产品、旅行社、旅游住宿、旅游餐饮、旅游购物、旅游交通和文化娱乐（见图5-3）。

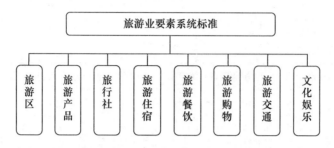

图5-3　2009年版旅游业要素系统标准

旅游区模块包括：规范不同类型旅游景点、景区的设置、规划和服务品质要求等。

旅游产品模块包括：规范不同形式的旅游产品和旅游方式的设计、组织和服务要求等。

旅行社模块包括：规范不同类型和经营方式的旅行社、旅游咨询和服务企业具体业务运作基本要求和服务准则。

旅游住宿模块包括：规范不同类型和经营方式的旅游住宿企业基本运作设施要求和服务准则。

旅游餐饮模块包括：规范不同类型和经营方式的旅游餐饮企业基本运作设施要求和服务准则。

旅游购物模块包括：规范不同类型和经营方式的旅游购物企业基本运作设施要求和服务准则。

旅游交通模块包括：规范不同类型和经营方式的旅游交通企业基本运作设施要求和服务准则。

文化娱乐模块包括：规范不同类型和经营方式的文化娱乐企业基本运作设施要求和服务准则。

三、旅游业支持系统标准

旅游业支持系统标准有七大模块组成：旅游信息服务、宣传推广、安全救援与保险、生态保护、旅游人力资源、旅游投诉受理、旅游统计规范（见图5-4）。

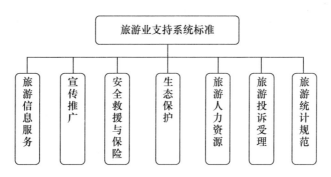

图 5-4 2009 年版旅游业支持系统标准

旅游信息服务模块包括：规范各种主动性、公益性旅游公共服务（如咨询、导向、移动信息和旅游物联网等）设立的要求和服务准则等。

宣传推广模块包括：规范各种公益性、商业性旅游宣传推广运作基本要求和服务准则等。

安全救援与保险模块包括：规范不同类型旅游企业、旅游形态安全运作要求和服务准则；规范各种旅游救援的途径、处理的基本要求和服务准则等；规范各种旅游企业、旅游形态必须为游客、从业人员基本保障的旅游保险要求等。

生态保护模块包括：规范各种被旅游利用和开发的生态环境保护基本要求和监督准则等。

旅游人力资源模块包括：规范旅游从业人员各岗位培训、评定与考核等基本要求和服务准则等。

旅游投诉受理模块包括：规范不同旅游投诉的途径、处理的基本要求和服务准则等。

旅游统计规范模块包括：规范旅游统计的基本要求和方式准则等。

四、旅游业工作标准

旅游业工作标准有三大模块组成：旅游目的地评价指标、旅游企业诚信评价、游客满意度调查（见图 5-5）。

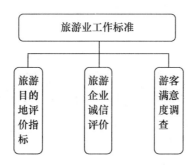

图 5-5 2009 年版旅游业工作标准

旅游目的地评价指标模块包括：规范不同类型旅游目的地（含城市、景区、乡村等）的评价指标要求和分类准则等。

旅游企业诚信评价模块包括：规范不同类型旅游企业服务质量、服务水平和售后服务等的评价要求和级别准则等。

游客满意度调查模块包括：规范不同类型游客满意度调查的基本要求、要素及评价准则等。

五、2009年版旅游标准体系问题及原因分析

《旅游业标准体系》是全国旅游行业进行标准化的支撑和参照物，对全国旅游标准化的指导和开展工作起着决定性的作用。但作为这个标准体系编制的主要发起人和始作俑者，作为旅游发展和旅游创新的大省，自然会产生超乎于标准体系之前和之外的旅游新业态、融合性旅游元素及相应管理与技术标准问题。有一些无法归类和归属的标准需要调整标准体系内容；有些标准所体现的价值已超出其所在的体系范畴也同样需要修正；一些基础性、要素性和保障性等标准需要重新命名与规范。所有这些现实要求集中体现了《旅游业标准体系》对我国旅游标准化起到了引领的作用。但随着旅游业的迅速发展，特别是我国旅游业的全方位创新发展，使得《旅游业标准体系》难以实现"建立覆盖旅游全链条的旅游标准体系"（邵琪伟局长在第十一届全国人大常委会第二十四次会议上所做的《国务院关于旅游业发展工作情况的报告》）。

对旅游业的服务要素和服务环节进行深入分析之后，我们认为，2009年版旅游标准体系存在如下问题。

（一）标准体系层次不合理

2009年版标准体系是一个三层标准框架，其中，第一层结构不合理。第一层既包括旅游业基础标准，也包括旅游业要素标准、旅游业支撑系统标准和旅游业工作标准。然而，旅游基础标准对旅游业要素标准、旅游业支撑标准和旅游业工作标准具有密切的指导和制约关系，是旅游行业的通用基础规范。标准体系表中上级标准对下级标准具有指导作用，因此，旅游业基础标准应列于旅游业要素标准、旅游业支撑系统标准和旅游业工作标准的上一层级。

同时，2009年版"旅游业标准体系框架"中旅游业工作标准作为单独一类，包括旅游目的地评价指标、旅游企业诚信评价体系和游客满意度调查等内容，其解释是旅游主管部门针对专项工作制定的统一要求，这个定义与标准化学科中的工作标准定义完全不同。工作标准是执行管理标准和技术标准的准则，处于管理标准和技术标准的下级。因此，旅游工作标准与旅游业要素系统标准和旅游业支撑系统标准放在一个层级上，容易产生误解。

国家标准《标准体系表编制原则和要求》（GB/T 13016-2009）中标准的编制原则第

3条为"层次适当"。该原则指出,"应根据标准的适用范围,恰当地将标准安排在不同的层次上,尽量扩大标准的适用范围",在尽可能大的范围内统一标准,达到标准组成的简化,建立科学系统的标准体系。

(二)标准体系表存在缺失与重复

2009年版的旅游标准体系第一层的四个子体系划分原则不统一。既有按旅游要素系统进行划分的旅游要素系统标准,又有按主管部门进行划分的旅游业工作标准,容易造成标准缺失或者重复立项;既导致管理混乱,也导致资源浪费。如,标准体系表中没有与旅游服务设计和采购相关的规范;又如,有关绿色饭店的标准,有国家旅游局发布的行业标准《绿色旅游饭店》(LB/T 007-2006),又有商务部发布的国家标准《绿色饭店》(GB/T 21084-2007)等。

国家标准《标准体系表编制原则和要求》(GB/T 13016-2009)中标准的编制原则第4条是"划分清楚"。该原则指出,"标准体系表内的子体系或类别的划分,主要应按行业、专业或门类标准化活动性质的统一性,而不宜按行政机构的管辖范围划分"。旅游业覆盖领域广、综合性强,在划分标准子体系的过程中,应坚持一致性原则,按照旅游业运行过程或服务过程等某个单一因素划分,更能建立起协调配合的标准体系。

(三)标准分类专业化程度不够

由于2009版旅游业标准体系分类不合理,导致少数国家、行业标准内容笼统,无法分类管理;企业按照该体系建立自己的标准体系后,难以按部门分类制定企业标准并有效实施。在旅游业国家标准和行业标准中,相当一部分没有区分标准化的不同对象或标准化对象的不同方面分开成系列的制定标准,而是笼统地在一个标准中对其进行规范。如,《旅游业基础术语》(GB/T16766-2010)对旅行社和旅游景区等九个旅游相关对象的基础术语进行了规范化描述,但在2009版旅游标准体系明细表基础术语标准中,旅游业基础术语子体系下又单列了旅行社术语、旅游区术语等同一层级的待制定标准,标准内容之间存在交叉。又如,《旅游娱乐场所基础设施管理及服务质量》(GB/T 26353-2010)对旅游娱乐场所基础设施配备要求和服务管理及安全管理都进行了规范,没有区分标准化的不同对象分别对其进行规范。

《标准化工作导则第1部分:标准的结构和编写》(GB/T1.1-2009)指出,"制定标准可以按内容对需要制定的标准进行划分"。在标准化对象的不同方面可能分别引起不同相关方关注时,应清楚地区分这些不同方面,最好将它们分别编制成一项标准的若干个单独部分,从而形成一组系列标准。如《公共信息导向系统设置原则与要求》(GB/T15566)按行业要素分为八个子标准,方便不同子行业对其进行查找和使用。

地方和企业根据2009版建立自己的标准体系时,很难将标准进行完善、系统的分类,建立一个有机的标准体系。如2009年版的"旅游业标准体系总框架"中的旅游业要素标准,就只有旅游区、旅游产品、旅行社、旅游住宿、旅游交通、旅游餐饮、旅游购物和文化娱乐,下面如何进一步细分,地方与企业无所适从,很难按部门分类制定企业标准,如服务规范、服务提供规范等,从而导致地方与企业专业化管理水平难以上台阶。

第三节 旅游业标准体系建设实施

旅游业是一个综合性行业,标准体系的建立既要符合旅游业自身的运行规律,还应该从需求角度出发,使标准既能够服务于旅游经营者、管理者,也能服务于游客。

一、旅游业标准体系编制原则

我们认为,构建旅游标准体系表应遵循以下几个原则:

(1) 系统性原则:建立旅游标准体系应该有明确的目标,全面成套和层次适当。着力体现为标准体系编制的系统性。

(2) 开放性原则:旅游标准体系应该具有可加性,能够不断吸收新业态和新技术,通过吸收外部正能量不断自我修正和自我完善。

(3) 协调性原则:旅游业各标准的内容应该协调一致,根据标准的使用范围,将标准安排在恰当的层次,尽量扩大标准的使用范围,力求在旅游业范围内标准层次和标准内容协调统一。

(4) 专业性原则:旅游业各标准应该各司其职,针对标准化不同对象的标准应该严格区分开来。例如结果标准(服务规范)和过程标准(服务提供规范、服务控制规范等)不应混合到一个标准中进行规范,通过模块化和细分提高标准的实用性和可操作性。

在以上原则的基础上,结合标准化原理、系统工程理论以及相关法律、法规的要求,来修正2009年版的标准体系,同时地方和企业层面的标准体系也应按此原则进行建设。

二、地方和企业层面标准体系表应用说明

必须指出,由于旅游发展的不平衡、旅游资源与旅游需求的差异性,特别是各地旅游融合产业的创新发展,各地对旅游标准体系的需求变得多样化和特色化。如:云南完整的温泉类标准体系、北京与上海强调都市旅游类的标准体系等,都充分体现了各地对旅游标准体系自身发展的诉求。我们认为,在2009年版的《旅游业标准体系》大背景下,结合本地实际或本区域旅游发展的客观需要,修正、增加和适度调整并建立本地的《旅游业标准体系》具有重要的现实意义和具体指导意义。这一方面体现了执行国家

2009 年版《旅游业标准体系》的实际行动；另一方面则是对国家 2009 年版《旅游业标准体系》的有力补充和加权。

标准体系是企业管理的有效工具，把握好企业标准体系与行业标准体系之间的关系，是有效实施行业标准体系的关键落脚点。

企业标准体系是企业在国家法律、法规和相关制度约束下，结合自身经营方针和政策制定的、符合企业自身需要的一系列规范组成的有机体。《企业标准体系表编制指南》（GB/T13017—2008）"6.3.1 设置原则"中介绍了功能归口型结构和层次结构相结合的板块式企业标准体系表达模式，用"企业基础管理""资源管理""产品实现或服务提供"和"检查改进"四大板块分别涵盖了技术标准、管理标准和工作标准。旅游企业作为具体的旅游服务提供方，在建立标准体系时既应遵循国家关于编制企业标准体系的相关工作指南，还应该综合考虑旅游行业标准体系与企业标准体系的内在逻辑关系，建立与行业标准体相辅相成的企业标准体系。

前文中构建的旅游行业标准体系表，是从综合标准化的角度以旅游产品和服务为标准化对象建立的标准综合体，是模块式的行业标准体系。

三、近期我国标准制定、修订的思路

按照《全国旅游业标准体系表（2009—2015）》中的要求，在 2016 年之前，重点要做好以下几方面工作：

（1）针对旅游新业态发展的需要，加快旅游新标准的研制，重点加强休闲、度假、生态等旅游产品以及特种旅游和旅游商品等方面的国家标准、行业标准及地方标准的制定工作。

（2）加快旅游公共服务领域标准的制定。重点研究和制定旅游设施及服务安全、旅游交通服务、旅游信息咨询服务中心、城市旅游集散中心、旅游特色街区、旅游引导标识系统等相关领域的标准。

（3）加强旅游环境保护领域标准的制定。围绕国家建设资源节约型社会和环境友好型社会的战略方针，加快绿色旅游景区、节能型住宿、绿色餐饮和生态旅游区等标准的研究和制定工作。

（4）加强旅游从业人员职业资格标准的制定。在进一步完善现有各类从业人员职业资格标准的同时，与国家相关部门合作，加快研制旅游行业岗位培训考核等标准。

（5）充分调动各方面的积极性，加快旅游标准的制定、修订步伐。要充分发挥政府的主导作用，鼓励相关行业协会、科研机构、院校及社会中介服务组织和旅游企业共同参与旅游标准制定、修订工作，并通过科学的理论研究和论证、严谨的标准研制、严格的审查评估，确保旅游标准的制定、修订质量。

具体而言，旅游业国家标准、行业标准和标准化指导性文件的制定、修订项目计划，根据旅游业发展的实际需要，以国家有关规定、旅游标准化发展规划和旅游业标准

体系表为主要依据，采取自上而下和自下而上相结合的方式，由全国旅游标准化技术委员会提出。

全国旅游标准化技术委员会负责组织标准的制定、修订工作和监督、检查标准项目计划的完成。

国家旅游局各司室及旅游协会、各省级旅游行政管理部门应配合标准起草工作，对涉及的有关技术与业务问题提出意见与建议。

标准的制定、修订遵循下列基本要求和程序：

（1）项目承担单位编制标准制定、修订计划和实施方案，起草标准征求意见稿，向旅游领域的生产、科研、教育、企事业和管理部门等有关单位广泛征求意见。

（2）对各方面的反馈意见进行认真分析研究，修改、补充标准征求意见稿，提出标准送审稿，连同《编制说明》、《意见汇总处理表》及有关附件，报送旅游标委会秘书处进行形式审查；通过形式审查的，由秘书处提交旅游标委会对标准送审稿进行专家审查。

（3）标准制定、修订计划项目承担单位应当根据专家审查的意见，对标准送审稿进行认真修改，完成标准报批稿及其相关材料，由旅游标委会秘书处进行复核。

（4）国家标准和行业标准的审查，由国家旅游局标准化主管部门统一组织，具体工作由全国旅游标准化技术委员会承担。

国家标准和行业标准的编写应符合《标准化工作导则》国家标准（GB/T1），企业标准的编写可参照执行。标准起草过程中征求意见一般由项目承担单位进行，重大标准可由国家旅游局组织征求意见，并在国家旅游局网站登载。

旅游业国家标准和行业标准发布、实施后，应根据技术进步和行业发展适时进行复审。复审周期一般不超过5年，以确定现行标准继续有效或者予以修改、修订、废止。

第六章 旅游标准的实施与监督

旅游标准的实施主要包括标准的执行、监督、评价与评定等措施和过程。旅游标准的实施是整个标准化管理工作的主体,因为:

第一,旅游标准只有通过实施,才能发挥出它们的作用和效益。

旅游标准化的目的是"获得最佳秩序和社会效益",但标准制定后,如果不去努力实施,标准就不可能自发地产生作用,也获取不到最佳秩序和社会效益。

第二,旅游标准的质量和水平,只有在贯彻、实施过程中才能做出正确的评价。

旅游标准是人们对旅游客观事物规律性认识的总结,这种总结需要实践进行检验。旅游标准质量和水平的高低,在制定过程中,由于人数较少及其认识的局限性,一般很难做出完整、恰当的评价,尤其是标准的内在质量,更是难以做出适当的评价。只有在标准实施后,其中存在的问题才会逐步暴露出来。由于参加标准实施实践的人很多,对这些问题认识深度更深、广度更广,评价得更全面,有利于标准的修订,有利于标准化活动向更深、更高、更广的层面发展,有利于进一步提高标准化活动水平。

旅游标准的制定—实施—修订过程,是一个阶梯式向上发展的过程。正是通过不断地实施、修订,才能不断地把现代科学技术成果纳入标准,补充、纠正标准中的不足之处,才能有效地指导旅游业社会活动实践。

第三,有利于旅游标准化理论发展。

只有通过旅游标准的实施,通过旅游标准化活动的实践,才能发现旅游标准化理论存在的问题,提出改进的意见;只有通过实践,才能积累更多的标准化经验;只有积累了丰富的标准化实践经验,才有可能对其进行总结,升华为标准化理论,进而丰富、发展标准化理论。因此,**旅游标准的实施,是旅游标准化活动的重点**。一般情况下所指的标准实施,是狭义的"实施",即标准的执行。

第一节 旅游标准的实施

旅游标准的实施必须注重实施的原则、程序和方法,以及实施过程中的分工与协助,更应关注不同标准的实施要点。只有这样,才能使实施达到理想的效果。

一、实施旅游标准的原则

实施标准时应遵循下列四项原则:

（一）服从长远利益原则

实施旅游标准往往会给实施单位增加一定的负担，会与当前的生产或工作任务有矛盾，而且有些旅游标准的实施，对该单位眼前利益不大，甚至还可能会有些损失，但从长远来看，好处却很多，这就是既照顾到眼前，更要考虑到长远，眼前利益应服从长远利益。这一点，对于我国目前的行政管理体制而言，显得尤为重要。由于任期的原因，一些单位负责人往往只顾其任期内的利益，从而导致旅游标准实施阻力大。因此，就需要从旅游标准化法律、法规和管理体制入手，加大旅游标准化的工作力度，督促标准的实施，尤其是强制性标准的实施。

（二）顾全大局原则

有些标准，比如关于安全、卫生、环境保护方面的标准，从整个社会效益来看利益很大，但从某一局部、某一单位来看，利益不大甚至还要增加开支和工作量，这就要局部服从整体，要顾全大局。

（三）区别对待原则

贯彻标准要根据不同情况区别对待，比如实施一项新服务标准，需要慎重安排新老服务标准过渡问题，对于就要淘汰的老服务规范，如短期内要更新换代，可限期过渡，但对新服务产品则应有无条件地坚持贯彻新标准。根据企业不同的设备、生产和技术条件，分别实施产品标准中不同质量等级标准，同时努力改善条件，使质量升级，也是区别对待原则的体现。

（四）原则性和灵活性相结合的原则

旅游标准是一种服务标准，会受到地域、民俗和习惯的特色限定，所以，在标准编制和实施时，必须注重在有效服务的前提下，对标准的实施应该采取一些灵活性措施。如表述方式必须按国家的相关标准执行，但背景和材料结构等可按自身的需求进行地域化、企业化的规范。再如服务礼仪，虽有某些国际规范，但亦可以在遵守国际礼仪的前提下进行民族、民俗的改良，无论是服饰、用餐还是就寝等，以取得旅游标准化的最佳效果。

二、实施旅游标准的一般程序和方法

虽然各类标准有不同的标准化对象和不同的内容，实施标准的步骤和方法也有所不同，但旅游标准的实施常采用 PDCA 循环（plan-do-check-action）（又叫戴明环，见图 6-1）的方法，它也是全面质量管理所应遵循的科学程序。分为计划（含准备）、实施、检查、处置（含总结）四个环节。

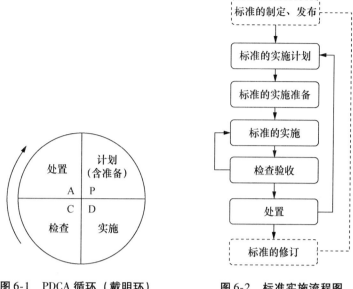

图 6-1　PDCA 循环（戴明环）　　图 6-2　标准实施流程图

PDCA 是英语单词 Plan（计划）、Do（实施）、Check（检查）和 Action（处置）的第一个字母，PDCA 循环就是按照这样的顺序进行质量管理，并且循环不止地进行下去的科学程序。

(1) P（plan）：计划，包括方针和目标的确定，以及活动规划的制定。

(2) D（Do）：实施，根据已知的信息，设计具体的方法、方案和计划布局；再根据设计和布局，进行具体运作，实现计划中的内容。

(3) C（check）：检查，总结执行计划的结果，分清哪些对了、哪些错了，明确效果，找出问题。

(4) A（action）：处置，对检查的结果进行处理，对成功的经验加以肯定，并予以标准化；对于失败的教训也要总结，引起重视。对于没有解决的问题，应提交给下一个 PDCA 循环中去解决。

旅游标准的具体实施流程图（见图 6-2）。

（一）计划（含准备）

在实施旅游标准之前，根据标准报批稿说明书中的标准贯彻措施建议，结合本部门、本单位的实际情况，制订实施标准的工作计划或方案。实施标准工作计划的主要内容是标准的贯彻方式、内容、步骤、负责人员、起止时间、达到的要求和目标等等。在制订实施标准工作计划时应该注意到以下四点：

(1) 除了一些重大的基础标准需要专门组织贯彻、实施外，一般应尽可能地结合或配合其他任务进行标准实施工作。

(2) 按照标准实施的难易程度的不同，合理组织人力，既能使标准的贯彻、实施工作顺利进行，又不浪费人力、排挤和影响其他工作。

(3) 一定要把实施标准的项目分成若干项具体任务和内容要求，分配给各有关单位、个人，明确职责，规定起止时间、相互配合的内容与要求。

(4) 进一步预测和分析标准实施以后的经济收支情况，以便有计划地安排有关经费。

有了计划还必须有充分的准备才能实施。

贯彻标准的准备工作是贯彻标准过程中很重要的一个环节，必须认真、细致地做好，才能保证标准的顺利实施；否则，就会忙于应付实施中出现的问题，甚至会使标准实施不下去而处于停滞状态。贯彻标准的准备一般从以下四个方面去做：

(1) 建立机构或明确专人负责

标准的贯彻，尤其是重大基础标准的贯彻，涉及面较广，需要统筹安排，要有专门组织机构，明确专人负责。在一个部门、一个企业贯彻标准时，就要由主管领导牵头，成立一个有计划、技术、检验、财务、营销等部门人员参加的临时标准宣贯小组，统一研究、处理在新旧标准交替中需要专门处理的一些问题。当结合其他任务贯彻标准时，也应该按少而精的原则调配标准化人员，参加到有关领导小组中去，以便了解情况，提出意见，做好标准实施与中心任务的配合、协调工作。

(2) 宣传讲解任何一项新标准

实施任何一项新标准，都有一个宣传讲解的过程，一个使实施者对标准熟悉、了解的过程。只有大家了解，才会重视，才会在生产、服务和经济活动中自觉地去努力贯彻这项标准。因此，做好标准的宣传讲解，提高大家的思想认识，是一项不可缺少的准备工作。

(3) 认真做好技术准备工作

技术准备是标准实施的关键，要根据实施标准的工作计划，认真做好下列技术准备工作：首先，要提供标准、标准简要介绍资料以及宣讲稿等，有些标准还应准备有关图片、幻灯片以及其他声像资料；其次，针对某类产品或服务特点，编写新旧标准交替时的对照表、注意事项及有关参考资料；最后，要按照先易后难、先主后次的顺序，逐步做好标准实施中的各项技术准备工作，比如推荐适当的流程和试验方法，研制实施标准必需的设施设备，以及组织力量攻克难题等。有些标准，还应实施的试点工作，在个别有代表性的单位或部门先行一步，取得经验以后，再以点带面，全面推广。

(4) 充分做好物资准备

标准实施过程中，常常需要一定的物质条件，如旅游景区、酒店的标志标识标准、安全防范类标准等，都需要相应的物质条件，贯彻这类标准就需要相应的设施、设备等。

(二) 实施

实施旅游标准就是把标准应用于具体的旅游生产、服务与管理实践中去。实施旅游标准的方式主要为下列五种：

(1) 采用。就是直接采用标准，全文照办，毫无改动地贯彻实施。一般而言，全国性综合基础标准等均应直接采用。

（2）选用。选取标准中部分内容实施。

（3）补充。在标准实施时，对上级标准中一些原则规定或缺少的内容，在不违背标准基本原则的前提下，对其进行必要的补充。这些补充，对完善标准，使标准更好地在本部门、本单位贯彻实施是十分必要的。

（4）配套。在实施某些标准时，要制定标准实施的配套标准、标准的使用方法等指导性技术文件。

（5）提高。为了提高本部门的效率和工作水平，或者稳定的服务质量和提高市场竞争能力，在贯彻某一项标准时，可以以国内外先进水平为目标，提高这些标准中一些质量指标，或者自行制定比该标准水平更高的企业标准，再实施于生产服务中。总之，无论采取哪种实施方式，都应有利于标准的实施。

（三）检查

按照标准实施计划或工作方案，对标准实施过程、服务质量或相关管理措施、实施效果等逐一检查。对于国际与国家级标准实施情况检查，还要从标准化管理到人员素质、均衡生产、文明服务，按规定的验收标准一一进行检查。通过检查、验收，找出标准实施中存在的各种问题，采取相应措施，继续贯彻、实施标准，如此反复检查几次，就可以促进标准的全面贯彻、实施。

（四）处置

处置一般包括旅游服务质量上和实施方法上的总结与提炼，是对标准实施中所发现的各种问题和意见进行整理、分析、归类，然后写出意见和建议，反馈给标准制定部门。应该值得注意的是，总结并不意味着标准贯彻的终止，只是完成一次实施旅游标准的 PDCA 循环，还应继续进行第二次、第三次甚至更多次 PDCA 循环。总之，在该标准的有效期内，应不断地实施，使标准贯彻得越来越全面、越来越深入，使标准更加完善和适用于现实需要。

三、旅游标准实施中的分工与协作

旅游标准实施工作必须强调加强领导，注重各有关部门分工协作、互相配合，才能有效推进标准化活动的开展。这就要求标准化行政部门、标准实施单位和部门在实施过程中做到：

（一）各级标准化行政部门不仅要做好标准的制定组织工作，而且还要积极推动标准的实施，监督标准的实施

对重大的、涉及面广的、直接关系旅游者切身利益的标准实施，各级标准化行政部门要组织标准的宣贯工作，尽可能使标准为大家所熟知、理解。在标准实施中要代表国

家和地方，经常深入检查，甚至组织验收，并协调、处理标准实施中发生的问题和纠纷。

对一些跨部门、跨行业的标准实施，要注意做好协调工作，保证标准能全面、顺利实施。为使一些标准深入、广泛地得到实施，标准化行政部门还可借助标准化协会组织开展标准化咨询服务，帮助有关部门和企业解决实施标准中的技术问题。

（二）用法律手段监督一些强制性标准的实施

对涉及生态、安全、社会公平等方面的强制性标准，在实施前，要做好相关法律、法规的衔接工作，以便用法律手段监督这些强制性标准的实施。

（三）旅游主管部门在贯彻标准中的任务

各旅游主管部门即国家旅游局、各省市自治区旅游局、各地市区县旅游局及旅游行业各企业等，对有关旅游标准化工作要有统筹安排，并要督促检查所辖单位和部门的标准化工作进展，其中要着重抓好以下工作：

（1）在标准发布的同时，下达标准实施计划，对各有关单位的任务和责任做出规定，明确要求和进度。

（2）对某些重要标准实施时，应在专业化协作、技术改造以及产供销等方面采取相应的技术措施，保证有关单位有条件执行标准。

（3）需要强制执行的标准，特别是安全、卫生、环境保护标准的实施，应下达行政命令，对实施执行情况进行检查、考核，实行与经济利益挂钩的奖惩制。

（4）在实施标准过程中，要经常督促检查，促使有关单位持之以恒地认真执行标准，对在实施标准中发生的具体困难，要帮助解决，尤其对一些急待解决的技术困难，应责成有关研究部门尽快解决，为标准的实施扫除障碍。

（四）旅游企事业单位在实施标准中的任务

旅游企事业单位是实施标准的主体和落脚点。对本单位使用的强制性国家标准、行业标准和地方标准，必须认真、严格地组织实施；对推荐性标准，则要从单位实际情况出发确定适宜的实施方式，积极组织实施；对企事业自行制定的标准，更应努力实施。

四、不同旅游标准的实施要点

实施不同类型的旅游标准，要根据不同的特点，采取不同的做法。

（一）涉及面较广的旅游业基础标准的实施，要抓住"宣、编、改"三环节

宣：就是要广泛宣传，让大家能了解这项标准。

编：就是要编写标准介绍材料，帮助有关人员能迅速掌握并运用标准。

改：就是认真地、有条不紊地把老标准改成新标准，并逐步做好新老标准的过渡工作。

(二) 互换性旅游标准的实施

要同时抓相应配套的过渡性工作环境，并落实新标准相应的管理措施。

(三) 旅游要素性标准的实施一定要将专业化、要素技术和服务技能紧密结合起来

旅游要素性标准覆盖了旅游业服务的所有软硬件，涉及众多要素技术和服务技能，从纵向来看有国际、国家、行业和地方等一系列标准，从横向来看有诸多与旅游行业直接和间接的行业标准。因此，在旅游要素性标准实施中一定要将专业化、要素技术和服务技能紧密结合起来。

(四) 旅游支持性标准的实施一定要和公共服务、质量管理工作紧密结合起来

旅游支持性标准是旅游业安全、有序、便捷和服务质量的保障，由于更多的是体现公共服务的属性，因此，在旅游支持性标准实施中一定要在旅游主管部门的主导下，在相关融合性行业的支持与配合下，在各旅游企业自律、自觉的执行下，坚持与质量管理工作紧密结合，以确保旅游服务质量，提升旅游品质，真正将标准落到实处。

产品标准是衡量产品质量水平的依据，计量测试手段是实施产品标准必不可少的物质条件，要贯彻好产品标准，必须同推行企业质量管理结合起来，必须与解决测试条件、加强计量管理密切结合起来。建立和健全企业质量保证体系，保证产品标准的全面实施，建立和健全企业的质量保证体系，做到一切凭数据说话，为实施产品标准提供准确的数据。

(五) 旅游工作性标准的实施要与现代化行业、企业服务质量认证与评价工作紧密结合起来

旅游工作性标准的实施主要涉及行业、企业服务质量的评估和评价。这些标准的实施直接影响旅游目的地的形象、企业品牌的塑造和提升，因此，实施旅游工作性标准时，就要产权清晰、权责明确、政企分开，把管理科学为基本特征的现代质量认证与评价制度的建立和标准的实施紧密结合；否则，就会产生"一证到手，别无他求"现象，形成标准化体系运行与日常管理割裂开来的"两张皮"，使标准的实施流于形式。

(六) 安全、卫生和环境保护标准的贯彻要与贯彻有关法律、法规紧密结合起来

安全、卫生和环境保护方面的标准贯彻，直接关系到人民群众的健康和安全，关系到子孙后代的幸福和生存。国家发布的《中华人民共和国环境保护法》《中华人民共和

国食品卫生法》等一系列法律，明确规定要强制执行这些标准。执行这些强制标准，对旅游行业和企业来说，却意味着开支经费增加、经济利益减少。这些标准的实施应该同相应国家法律、法规的实施，同法制教育紧密结合起来，两方面工作同时开展，互相促进，互相保证，才能收到显著的效果。

总之，实施旅游标准是一项复杂而又细致的工作，我们应该根据各种标准的内容和特性，采取各种不同的方式和方法，努力实施标准，让它们在旅游业发展中充分发挥效益和作用。

第二节 旅游标准实施的监督

通过对旅游标准实施情况的监督，一方面，可以依照法律、法规，及时发现并及时纠正违反标准的行为，促进旅游标准的认真贯彻实施；另一方面，也能迅速反馈旅游标准本身中的缺陷和不足之处，从而及时采取有效弥补措施，或对标准进行修订。在我国，旅游标准实施的监督，不同的部门分工不同，标准化行政部门主要是对强制性标准实施情况进行监督，旅游业主管部门侧重对旅游行业有关标准的实施情况进行监督。

一、旅游标准实施监督的方式

依据标准化法律、法规，对旅游主管部门、旅游企事业单位或个人实施标准情况进行监督、检查与处理，是保证标准实施的一个重要环节。一般采取下列四种方式：

（1）旅游标准化审查。主要是指在结合本级旅游标准体系建设，旅游基础性标准、旅游要素性标准、支持性标准和工作标准制修订、宣贯时，对其过程的全方位包括计划、建设路径、实施组织与方法等进行标准化审查。

（2）定期或不定期地对旅游产品、服务、管理或工程质量进行监督检验。

（3）对采用国际标准和国外先进标准的验收，使用采标标志产品与服务的备案审查。

（4）旅游标准化水平的确认、质量认证检查或审核等。

上述监督检查，可以是对一个单位或个人的实施标准情况进行全面检查与处理，可以是仅仅对某类或某项标准实施情况进行专项检查与处理，可以是有计划、定期的检查（如国家旅游产品、服务质量监督的抽查，采标验收等），也可以是依据检举、揭发或企业自愿申请的不定期检查。

二、旅游产品与服务质量的监督检验

在旅游业中旅游产品与旅游服务是不可分割的统一体，提高旅游产品与服务质量，

是增长旅游业财富、提高人民实际生活水平、降低消耗的基本途径，是增强旅游产品与服务在国内外市场上的竞争能力、开拓市场、驾驭竞争的必要手段。

旅游产品与服务质量标准是衡量产品与服务质量的依据，而产品与服务质量状况又较集中地、综合地反映了旅游标准及各种相关标准的实施情况。因此，对产品与服务质量标准实施的监督就成为整个旅游标准实施监督工作中的主要任务和中心环节。

为满足旅游产品与服务质量要求，由旅游企业、国家、旅游者或第三方，用一定的评价与检测手段，检验旅游产品与服务的质量特性，并将检验结果与相应的要素产品标准相比较，从而确定其质量是否合格的评价过程，就是旅游产品质量的监督检验。

按照我国组织旅游产品与服务质量监督部门的地位和出发点不同，分成以下四种类型：

（1）旅游企业质量验收检查。由旅游企业自身质量保证（检验）部门对本旅游企业生产检验合格的产品与服务进行质量监督抽查，称为旅游企业自身的质量验收检查。旅游企业质检部门本身是旅游企业的职能部门，不可能在社会上持公正立场（尤其是在发生质量纠纷时），因此，这种监督被称作为旅游生产方质量监督。

（2）旅游部门质量监督。旅游行业主管部门或产品与服务所属行业归口部门对旅游企业生产的产品与服务进行质量监督，称为旅游部门质量监督。在我国，旅游行业管理部门是人民政府的职能部门，代表国家对旅游行业、旅游系统的产品与服务质量实行经常性的监督，以不断提高产品与服务的制造质量，提高旅游行业系统产品与服务在国内市场上的竞争能力，促进旅游行业的技术进步和现代化。由于我国管理体制的原因，旅游行业在一定的程度上会有一定程度的本位主义存在，当与旅游行业、旅游部门的利益发生较大冲突时，旅游行业质量监督在一定程度上会有失公正，甚至于标准本身就带有很浓重的旅游行业部门利益色彩。

（3）社会质量监督。旅游产品与服务的采购和销售部门、产品与服务使用者（旅游群体与旅游者）的检查验收，以及旅游者协会、消费者协会等社会团体对产品与服务质量的监督检查统称为社会质量监督。虽然这种质量监督往往带有使用方的偏向性，但对促进产品与服务生产企业严格实施标准，提高产品与服务质量，满足旅游者要求可以起到很重要的作用。同时，通过这种质量监督，可以分清产品与服务在生产、服务和销售环节上的质量责任，避免和减少质量纠纷。目前，我国的这种监督检验的数据还缺乏有效的法律效力。

（4）法定质量监督。由国家授权的具有第三方公正立场的机构进行的产品质量监督称为法定质量监督。这种法定质量监督是为了保证标准全面贯彻、实施，保护国家权益和人民利益，以技术监督作为手段而进行的国家行政干预。由于法定质量监督坚持"不营利"、"保持公正"等原则，具有社会公认的公正性、科学性和权威性。因此，这种质量监督检验、检测数据和评估具有法律效力。"不营利"，就是不从监督检验收与评估费中追求利润，即使按规定收取一些必要的费用，也主要是抵偿检验、检测数据和评估业务费用的开支。只有"不营利"，才不会同本单位的经济利益关系联系起来，才能坚持质量监督工作的公正性。"保持公正",就是在履行质量监督过程中,不受任何势力的影响和左右,不偏袒生产方或使用方,只以事实为依据,以标准为准绳,严格履行对国家、对人民负责的职责。只有坚持"不营利"、"保证公正"的部门及其检验机构,国家才可授权于它们法定质量监督的任务。

目前,我国执行法定质量监督的机构有两种:

第一种,是各级政府标准化行政管理部门或旅游主管部门所属的产品与服务监督检验局(所、站),代表国家,根据法律、法规和标准,对量大、面广的旅游产品与服务质量监督,并统一管理和协调本行政区域内的旅游产品与服务质量监督检验工作。

第二种,是国家已明确授权的旅游产品与服务等专业质量监督检验机构。它们也依据相关法规和标准,对旅游及旅游相关产品与服务等实行质量监督。国内外的实践已证明,要搞好旅游产品与服务质量,没有一定的旅游要素技术和技能标准不行;有了技术与技能标准,不按照技术与技能标准进行生产和检验也不行;只依靠和相信生产单位的检验,没有国家制定的专职机构进行监督检验同样不行。

在我国,旅游企业质量验收检验、旅游部门质量监督、社会质量监督和法定质量监督都是在人民政府的统一领导下工作,其根本目标和长远利益都是一致的。旅游企业的质量检验是首要的环节,是旅游部门质量监督、法定质量监督的基础和前提,不努力加强和做好旅游企业质量检验,也就做不好部门或法定质量监督,达不到部门或法定质量监督的目的。社会质量监督是法定质量监督的重要补充。因此,各类质量监督应该充分发挥各自的职能,扬长避短,互相协作,密切配合,以建立我国完备的、有权威的、有效率的质量监督网,共同把我国的产品、服务、管理或工程质量提高到世界先进水平。

三、旅游管理标准化的监督

有关旅游管理的标准还不多,除了旅游管理过程中出现违法行为外,还没有完整的对旅游管理标准化实施监督的系统。完整的旅游管理标准化监督应包括旅游管理标准审查、旅游管理程序审查、旅游管理过程监督、旅游管理资格审核、旅游管理申诉处理等。

旅游管理标准审查,就是对实施前的旅游管理标准实施审查,确保旅游管理标准合法、公平、公正,确保旅游管理标准实施过程中,被管理人的利益不受侵害,并有申诉的权利和申诉的渠道。

旅游管理程序审查,就是对旅游管理工作程序进行审查,确保旅游管理程序合法、简洁、高效、公开、公正、公平,确保旅游管理工作决策民主、透明。

旅游管理过程监督,确保旅游管理工作按照标准进行,旅游管理活动民主、公开、透明。

旅游管理资格审查,就是对旅游管理者(管理单位及其工作人员)的资格进行审查,包括两项内容:一是审查旅游管理者是否具有行使该管理职能的资格;二是旅游管理者是否达到了执行该项管理职责的能力水平。

旅游管理申诉处理，就是被管理者对管理者的处理不服时，可以向上一级旅游管理机关、政府或者法律机关申诉，接受申诉的机关必须依法及时予以处理。

旅游管理过程监督，可以由专门的机构监督，还可以通过民间团体、舆论工具甚至个人进行监督。其他监督活动由专门的机构进行监督，或者由专门机构结合社会力量进行监督。

四、我国旅游标准实施监督的主要形式

我国对旅游标准实施监督主要实行以下四种形式。

(一) 实行国家质量监督抽查制度，并对旅游企业实行"管、帮、促"相结合的政策

每次抽查的旅游产品与服务品种、类型等事先不公布，抽查时间也不事先通知有关旅游企业，抽查的产品与服务根据不同产品的情况，从旅游企业内随机抽样，到已消费过的旅游群体和旅游者或销售单位与部门、合作者等进行调查。对抽查中发现的质量问题，要坚决实行"管、帮、促"相结合的处理政策。

管，就是要体现一个"严"字，严格按标准把关，通过监督检验，对产品与服务质量进行管制。凡是不合格的产品与服务不准销售，名不符实的产品与服务应取缔，并对产品与服务生产企业实行罚款、停产整顿、取缔等处罚。

帮，就是帮助旅游企业"纠错改错"。在帮助旅游企业了解标准化过程中对标准认识不足、标准运用不当和旅游产品与服务质量低下的原因基础上，努力帮助旅游企业对标准化工作进行纠错改错，使标准化工作真正落实到人和事。

促，就是促进企业树立"质量第一"的观念，促进企业总结经验教训，健全标准体系，完善计量检测手段，建立产品质量保证体系，从而稳定地生产合格产品。"管、帮、促"三者之中，应以管为主，帮其所短，促其进步，对一些技术基础条件和生产条件较好，因经营作风不正和管理不善造成产品质量低劣的企业，更要着重管制。

(二) 推行部分旅游业态许可制度

从1996年10月15日国务院发布的《旅行社管理条例》开始，到2009年5月1日实施的新《旅行社条例》，我国对旅行社开始推行经营许可制度。旅行社企业必须取得经营许可证，方可经营旅行社企业及产品与服务，这是一种加强对重要旅游业态和产品与服务质量实行国家监督的重要形式。国务院旅游标准化行政部门（国家旅游局）负责发放旅行社经营许可证的组织实施工作。发放许可证的依据是产品与服务标准，该《条例》明确规定了企业取得经营许可证的基本条件：

（1）必须持有工商行政管理部门核发的营业执照。

（2）必须有一定的场地和必要的设备设施。

（3）必须有足以保证旅游产品与服务质量和进行正常经营的专业技术人员。

（4）必须有确保旅游者安全和保障的措施（保证金和旅行社责任保险）。

取得经营许可证的旅行社企业，如果在国家质量监督抽查检验中发现降低产品与服务质量的或者经复查降低基本标准的，不符合该条例中规定取得经营许可条件的，或将经营许可证转让其他企业使用的，都要注销其经营许可证。

（三）实施名牌战略

为了督促旅游企业认真贯彻、执行标准，提高其实施标准的积极性，世界各国都实行名优产品及其生产企业评选与奖励制度。如美国的波多里奇质量奖、日本的戴明奖和欧洲质量奖。我国也先后实行国家优质产品奖、质量管理奖和名牌产品标志评选与奖励制度。

旅游业最早在旅游饭店进行"星级饭店"评优，从1987年我国首次制定《旅游涉外饭店的星级划分和评定》（GB/T 14308-1987）到2010年出台《旅游饭店星级的划分与评定》（GB/T 14308-2010）标准，继而在景区进行"A级景区"评优，出台了《旅游区（点）质量等级的划分与评定》（GB/T 17775-2003）和《旅游度假区等级划分》（GB/T 26358-2010）。针对旅游厕所卫生问题，还特别出台了《旅游厕所质量等级的划分与评定》（GB/T 18973-2003）。在旅游交通方面出台了《内河旅游船星级的划分与评定》（GB/T 15731-2008）、《旅游汽车公司资质等级划分》GB/T 26364-2010和《旅游客车设施与服务规范》（GB/T 26359-2010）等国家级标准。同时，在旅游不同业态和服务平台相继出台了行业标准：《绿色旅游饭店》（LB/T 007-2006）、《绿色旅游景区》（LB/T 015-2011）、《温泉企业服务质量等级划分与评定》（LB/T 016-2011）等。

在服务质量管理方面也制定了诸多标准。国家级标准有：《旅游规划通则》（GB/T 18971-2003），《国家生态旅游示范区建设与运营规范》（GB/T 26362-2010）、《旅游景区服务指南》（GB/T 26355-2010）、《旅游饭店管理信息系统建设规范》（GB/T 26357-2010）、《星级旅游饭店用纺织品》（GB/T 22800-2009）、《旅游信息咨询中心设置与服务规范》（GB/T 26354-2010）、《旅游购物场所服务质量要求》（GB/T 26356-2010）、《游览船服务质量要求》（GB/T 26365-2010）、《导游服务规范》（GB/T 15971-2010）等。旅游行业标准有：《旅行社服务通则》（LB/T 008-2011）、《旅行社入境旅游服务规范》（LB/T 009-2011）、《旅行社出境旅游服务规范》（LB/T 005-2011）、《旅行社国内旅游服务规范》（LB/T 004-2013）、《城市旅游集散中心设施与服务》（LB/T 010-2011）、《旅游景区游客中心设置与服务规范》（LB/T 011-2011）、《城市旅游导向系统设置原则与要求》（LB/T 012-2011）、《旅游景区讲解服务规范》（LB/T 014-2011）、《国际邮轮口岸旅游服务规范》（LB/T 017-2011）、《城市旅游公共服务基本要求》（LB/T 022-

2013）、《旅游特色街区服务质量要求》（LB/T 024-2013）、《旅行社安全规范》（LB/T 028-2013）、《旅行社服务网点服务要求》（LB/T 029-2014）等。

所有这些标准不仅为旅游企业的全面质量管理和品牌化、名牌化建设确定了指标，更为旅游企业的规范化和可持续发展提供了社会性和技术性保障，同时也为社会监督和职能部门的管理提供了有序、有效的途径。

第七章　旅游标准化效果评价

第一节　标准化效果评价的意义

为什么要对标准化活动的效果进行评价？这是因为标准化活动的出发点和最终目的就是获得全面的最佳效果。因此，标准化效果的评价以及评价信息的反馈，具有十分重要的意义。它有利于标准执行者获得综合的最佳经济效果，提高市场竞争力，并为执行者进行标准化的决策和规划提供科学的依据。

一、标准化效果评价的意义

那么，怎么来理解和认识标准化效果评价的意义呢？从标准化效果评价的国际实践来看，主要有如下三个方面原因。

（一）标准化项目工作本身的需要

德国标准化学会（DIN）的技术领导人克利格（K. L. Krieg）是德国著名的标准化权威人物。就标准化效果评价问题，克利格介绍，DIN在开展标准化工作时，其自有经费只占总费用的十分之一（五千万马克），其余十分之九的经费（四亿四千万马克）需要各大公司提供。公司提供的这些经费必须得到经济效果，否则就不可能支持DIN的工作。因此，标准化效果，主要是标准化经济效果的评价就是对投资方的一个必要的交代。对此，我国标准化领域的拓荒人李春田教授总结道，无论是DIN、BSI（英国标准学会），还是AFNOR（法国标准化协会），它们都是民间指标机构，它们花国家和企业的钱制定标准，同生产产品一样，必须创造效益，必须经济核算，这是它们工作的需要。这种核算本身并非专门针对标准化经济效果进行的科学研究，而是标准化项目工作的一个必要环节、一个必要交代。

（二）说服政府和企业重视标准化工作的需要

世界各国的标准化有个共同的特点，就是得不到应有的重视。企业标准化得不到企业领导的重视，国家标准化得不到政府和社会的重视。因此，许多国家从开创标准化事业那一天起，就从未间断过对标准化作用的宣传乃至投入巨资进行标准化的效果研究。

以日本为例，1995 年 WTO/TBT 协定生效后，要求 JIS（日本工业标准）适应国际标准（ISO/IEC 标准），为了适应这种变化，日本社会开始大力推动国际标准化工作。从 1998 年开始，日本规格协会（JSA）对根据 JIS 开展的国际标准合理化活动及产生的经济效益进行了调查，目的正是在于吸引产业界的领袖们对国际标准化活动的关注和兴趣，进而激活国际标准化活动。设在 JSA 下面的一个工作组（WG）专门针对日本一些重要的国际标准化项目的经济效益展开了评价，例如电灯、弹簧、有色金属等诸多领域国际标准化的经济效益评价。用日本国际标准合格评定 WG 委员会审查主任和田隆光教授的话说，这些评价工作"使产业界的高层人士充分理解标准化活动的意义……促使他们提高对（国际标准）提案工作的认识"。可见，对标准化效果，特别是经济效果的评价，在日本国际标准化发展进程中所发挥的作用是说服社会各界重视该项工作。

（三）为标准化工作的完善提供参考

对标准化的效果进行评价的第三个重要意义在于，由此发现标准化预期目标实现的状况：哪些方面发挥了较好的作用、哪些方面尚存在不足。由此进一步确认是标准本身存在问题，还是标准的实施环节存在问题。可见，标准化效果的评价是对标准化工作的一种重要监测方式，对于标准化工作的不断提升、完善具有重要的参考作用。

二、旅游标准化效果评价的意义

旅游标准化的发展受制于两个方面，即标准化的研究和实践、旅游业的发展需要。但是我国标准化工作是在改革开放之后逐渐恢复发展起来的，与标准化先进国家相比，存在较大差距。我国旅游产业发展的时间同样不长，旅游业市场化至今不不过 20 余年。因此，旅游业标准化工作自然是不成熟，从 1993 年国家旅游局将标准化工作作为一项行业管理目标提出，至今不到 30 年，其中存在诸多问题与不足也在所难免。

首先，旅游企业是旅游标准化工作的核心主体，是标准化工作的最终落脚点，但目前的旅游标准化工作更多是由政府部门主导推进，企业对标准化工作的认识程度和参与主动性都有待提高。

其次，当前的标准化工作虽然有不少成功的典范，比如《旅游饭店星级划分与评定》标准对我国饭店业的发展起到了极大促进作用，但从总体上看，标准化工作的实际效果依然不够理想，不少标准成为一纸空文，并没有真正起到提升管理水平、规范旅游服务的应有作用，这固然与企业重视程度及行业的现实状况有莫大关系，但这其中很可能还存在标准制定之合理性的问题，以及标准贯彻落实是工作方法的问题。

最后，标准化试点建设已进行数年，对标准化效果评价也有了一定的经验积累，特别是试点企业和地区。但至今尚未将试点或已成为示范的点和地区的标准化效果进行真正的推广。这不仅没有让同行同业看到标准化的真正效果意义，而被试点单位也出现对标准化的不重视甚至搁置的现象，没有起到应有的示范作用。

基于上述问题，开展旅游标准化效果的评价，对于加强旅游业界对标准化工作的重视，促进和提升标准制定、修改的水平，改进标准推进、落实的工作方法，最终实现预期的标准化工作效果具有重要的现实意义。

第二节　旅游标准化效果的产生机理

标准化之所以能为生产、生活带来各种便利和效益，是由标准化的基本原理决定的。这种形式主要有简化、统一化、系列化、通用化、组合化、模块化等。各项旅游标准化工作的效果的产生正是依赖于上述全部或部分标准化原理的运用而产生的。

一、简化的效果

简化就是在一定范围内缩减对象（事物）的类型数目，使之在一定时间内足以满足一般需要。简化一般是事后进行的，在事物的多样性已经发展到一定规模之后，才对事物的类型数目加以缩减。通过简化，消除了多余的、低功能的品种，使产品系列的构成更趋精炼、合理。其前提是不改变对象性质的规定性，不降低对象功能，并且不阻碍合理的多项的发展要求。

通过简化的形式，淘汰不适应市场发展的对象类型以及不必要的对象复杂性，使旅游产品的有效性大大提高，旅游产品和服务的成本相应地降低，需求者选择有效产品和服务的便利性也将相应提升。

二、统一化的效果

统一化最典型的事例就是度量衡、文字、货币等的统一，它是指将同类事物的两种以上表现形态归并为一种或限定在一定范围内的标准化形式。它使对象的形式、功能或其他技术特征具有一致性，并把这种一致性通过标准化确定下来，目的在于消除不必要的多元化造成的混乱，为人类的正常活动建立共同遵循的秩序。其实质是一种极端的简化。通过统一化的形式，比如景区标识、图形等，确保旅游产品供给者之间及供给与需求者之间沟通更加顺畅，从而降低生产成本、提升消费者的便利性，促进旅游业整体的有序与规范。

三、系列化的效果

系列化是对同类产品的结构形式和主要参数规格进行科学规划的一种标准化形式，是标准化的高级形式。它不仅能使现存的不合理的多样性缩减，而且还能够有效地预防未来产生不合理的多样性，使同类产品的系统结构保持一个相对稳定的最佳状态。旅游行业现有的系列化形式，最主要的有星级饭店系列、A级景区系列、导游等级系列等。通过系列化的形式，旅游产品和服务的品质判断更为直观、简便，旅游企业竞争与提升的路径更为清晰、明确，旅游市场发展更为规范、有序。

四、通用化的效果

通用化是一种在互相独立的系统中，选择和确定具有功能互换性或尺寸互换性的子系统或功能单元的标准化形式。其目的在于最大限度地减少零部件在设计和制造过程中的重复劳动，其对象为产品（如产品及其零部件的通用化）和过程（如方法、规程、技术要求等的通用化）。提高通用化水平，对于防止不必要的多样化，组织专业化生产和提高经济效益有明显作用。通用化形式主要运用于工业生产活动的标准化中，在旅游标准化中，对其运用并不显著，但并非不存在。

五、组合化的效果

组合化是按照标准化的原则，设计并制造出一系列通用性很强且能多次重复应用的单元，根据需要拼合成不同用途的产品的标准化形式。由于它的产生是受积木式玩具的启发而来，故又称"积木化"。它是一种古老的标准化形式，建筑用的砖块、活字印刷等都是组合化的典型例子。目前组合化的形式被广泛运用于机械产品、仪表产品、工艺装备、家具等的设计、制造中。在建筑业中也采用了组合式建筑结构。在编码系统和计算机软件中，组合化得到了更为合理的应用。

六、模块化的效果

模块化是标准化的高级形式。所谓模块，通常是由元件或子模块组合而成，具有独立功能，可成系列单独制造的标准化单元，通过不同形式的接口与其他单元组成产品，且可分、可合、可互换。模块化正是以模块为基础，综合了通用化、系列化、组合化的特点，解决复杂系统类型多样化、功能多变要求的一种标准化形式。模块化对汽车、电子、造船等领域具有重要意义。2007年日本仅仅用了一年多的时间就建造了一艘轻型航空母舰，正是得益于模块化的设计、建造方法。

由于受旅游业本身的特点及其发展状况的限制，旅游标准化对上述各种形式的运用也存在限制，某些形式运用得较为频繁和成熟，相应的标准化效果也较为突出，对某些形式的运行则显得不够清晰和主动，相应的标准化效果自然不显著，比如通用化、组合化和模块化等形式的运用。随着旅游业新业态的不断呈现，特别是电子商务平台在旅游业逐渐兴盛，旅游服务个性化要求不断提高的形势下，模块化等形式的主动运用对旅游服务更好地适用市场需求具有重要价值。

第三节 旅游标准化效果的分类及评价指标

一、标准化效果评价的分类

由于标准化效果具有综合性与复杂性的特征，因此要认识、评价标准化效果，首先要对标准化效果进行分类，并依据类型的不同，采用不同的评价指标和评价方法。依据目前标准化研究成果，标准化效果较为典型的分类方式大致有如下两种：

（一）依据标准化发生效果的领域为标准

我们认为，标准化效果可归结为技术效果、经济效果和社会效果，主要表现为如下六方面：

（1）合理简化产品的品种规格，调整产品结构和产业结构，促进产品的更新换代。

（2）提高产品质量和服务质量，保护国家和消费者利益，增强产品的市场竞争力。

（3）在生产、流通、消费等领域中节省大量的人力、物力、财力，降低成本。

（4）促进科学技术快速地过渡到生产领域，转化为现实生产力，加快生产技术的更新和引进技术的消化、吸收速度。

（5）消除国际贸易技术壁垒，仲裁国际贸易纠纷，提高信息传递效率，加强世界各国间的合作交流。

（6）保护环境，保持生态平衡，合理、有效地利用自然资源，保护人类健康与安全等。

（二）依据标准化发生效果的层面为标准

从企业自身、行业以及社会影响三个层次对标准化综合贡献的讨论，我们可以把标准化效果的发生层面分为微观效果、中观效果、宏观效果。其内涵主要包括：

（1）微观效果，这是从企业层面进行评价。表现为企业内部管理水平和企业劳动力素质的提升，企业核心竞争力的增强。

（2）中观效果，这是从行业层面进行评价。一方面是关联带动力，表现为上、下游产业带动和区域外技术溢出两个层面；另一方面是产业提升，表现为自主创新能力、国产化率和行业可持续发展等层面。

（3）宏观效果，这是从实施标准化区域整个社会层面进行评价。标准化在企业和产业层面的效果将进一步形成社会效果，表现为产品和服务的安全性提升带来消费者损失及相应纠纷的减少，产业集群和分工导致就业和劳动报酬增加，实现区域经济和城市的发展等三个层面。

上述两种标准化效果分类方式是基于不同的标准，具有不同的价值取向。第一种分类方式之目的在于判断标准化在不同社会领域所起的作用，重在认识标准化在不同方面所具有的效果状况；第二种分类方式之目的在于判断标准化在不同层面所起的作用，重在满足不同主体对标准化效果之认识的不同需求，以期不同主体从不同立场出发更好地促进标准化工作。但这两种分类并非冲突，而是相互补充的，在特定对象的标准化效果评价中，可以综合考量，结合运用。

除了上述两种分类之外，标准化效果还可以根据效果发生的主体分为企业效果、顾客效果（各种可感知的便利性及感受）；按照效果的评价结论形式分为可量化的标准化效果、不可量化的标准化效果。

二、旅游标准化效果评价分类及指标体系

标准化效果采用什么样的标准进行分类评价，取决于两个因素，第一，标准化对象本身的特征。对象不同，标准化所发挥的效果会不同，并且同一效果之于不同对象的重要性也不同；第二，标准化效果的评价目的，即对其效果进行评价在于实现怎样的目标。基于目前旅游标准化效果评价的一个重要任务是增强旅游业界各主体，尤其是旅游企业对标准化工作的主动性、积极性，旅游标准化效果评价分类宜采层次分类为纲，领域分类为目，具体而言就是以微观效果、中观效果、宏观效果之分类为框架，以经济效果、社会效果等分类为细目。基于这样的原则，旅游标准化效果评价可分为三个大类（一级指标）、七个小类（二级指标）、21个子项（三级指标）（见表7-1）。

表7-1 旅游标准化效果评价指标体系

一级指标	二级指标	三级指标
微观效果	企业经济效果	标准化工作的投入成本
		标准化带来的生产成本减量
		标准化带来的产值增量
	企业员工效果	员工素质提升
		工作效率提升
		劳动报酬提升
	企业核心竞争力效果	相应环节消费者投诉减少
		社会影响力提升
		企业市场份额提升

(续表)

一级指标	二级指标	三级指标
中观效果	行业经济效果	标准化工作的投入成本
		标准化带来的生产成本减量
		标准化带来的产值增量
	行业规范效果	相应环节消费者投诉减少
		相应环节消费者满意度提升
		相应环节企业间纠纷减少
宏观效果	区域经济效果	产品、服务创新水平提升
		标准化行业对关联产业带动力提升
		标准化区域游客人次增加
	区域环境效果	标准化区域社会环境改善
		标准化区域生态环境改善
		标准化区域形象（满意度）提升

三、评价指标体系的说明

（一）微观效果

微观效果是在旅游企业层面上评价标准化的效果，企业层面的效果是标准化工作最为重要、最为基础的效果。标准化工作只有在微观层面上取得一定效果，才能持续开展，也只有该层面的效果得以实现，其他层面的效果才具有可能。因此评价微观效果是标准化效果评价中最重要的环节。微观效果体现在如下三个方面：

（1）企业经济效果，即标准化工作的开展为企业创造的经济效果。这种效果是一个比值，即有用效果与劳动耗费的比值，也可以是一个差值，即有用效果与劳动耗费的差值。具体如下面公式：

$$经济效果 = 有用效果 \div 劳动耗费，经济效果 = 有用效果 - 劳动耗费$$

有用效果包括由标准化的生产管理方式而缩减的企业开支、由标准化工作增加收益，劳动耗费即为开展标准化工作而支出的各项费用，如培训费、专门工作人员的报酬、标准化专家的咨询费、相应的耗材费、相应的生产管理设施调整或增加的开支等。

（2）企业员工效果，即标准化工作的开展为企业员工带来的利益。标准化的生产管理方式必然要求员工的劳动过程依据标准进行调整和规范。这对员工的工作习惯与职业素养具有良好的塑造作用。标准化的劳动过程还将会减少工作差错，提高劳动效率，在相同工作时段内，劳动者可以完成更多工作任务。由于劳动者素质和劳动效率的提高，还可能增加劳动者报酬。

(3) 企业核心竞争力效果，即标准化的实施提升企业在行业竞争中的优势的效果。由于标准化的生产管理过程创造了品质更为可靠的产品和服务，从而降低了消费者的投诉及相应的纠纷。由于标准化带来了企业产品和服务在市场竞争中的优势，从而提升其市场份额。基于市场竞争中的优势地位及消费者的良好评价，企业形成了正面社会形象及良好的商誉。

（二）中观效果

中观效果是在旅游行业层面上评价标准化的效果，中观效果体现了标准化工作对整个行业带来的影响。目前我国旅游行业在多方面存在问题，无论是业内的竞争关系，还是行业的社会形象，都有待提高。标准化工作是否能改善行业秩序、提升行业社会形象、促进产业整体的提升和发展，是旅游标准化行业效果评价的关键点。中观效果体现在如下两个方面：

（1）行业经济效果，即旅游标准化所创造的行业整体的经济效益。它可以从三个点进行考察：一是行业标准化工作的投入；二是标准化工作为行业减少的损失和开支；三是标准化工作为行业创造的新增价值。它同样是个比值，但它通常只能是一种估算，无法像企业经济效益一般获得一个较为可靠的数据，因为相关数据需要企业提供，但企业未必愿意如实提供其相关财务信息。因此，行业经济效果的评价结论的参考价值是有限度的。

（2）行业规范效果，即旅游标准化在改善行业规范与秩序方面的效果。它可以从四个点进行衡量：一是因旅游标准化降低的消费者的投诉率；二是因旅游标准化带来的旅游业游客满意度的提升；三是企业之间因为竞争、合作而产生的各类纠纷减少的情况；四是因旅游标准化促进了旅游产品和服务的创新水平。行业规范效果体现的是旅游标准化的深层次影响，体现了行业软实力的提升，是旅游标准化效果评价应当重点关注的效果类型。

（三）宏观效果

宏观效果是在整个社会层面考察旅游标准化效果，体现了旅游标准化对整个社会发展、进步的促进作用。由于社会发展的变量是极其丰富和复杂的，旅游标准化只是其中的一个并不显著的变量，要判断其对社会发展的影响效果是十分艰难的，其过程的不确定性因素较多，其结论的可靠性也是往往较低。正因为宏观效果评价一方面难度很大，另一方面结论的参考价值不高，因此不少旅游标准化工作都没有必要进行宏观效果评价。只有那些对社会影响面较为广泛、深刻的标准化项目适合开展，比如《旅游饭店星级划分和评定》《旅游区（点）质量等级的划分与评定》等标准，或者《中国优秀旅游城市检查标准》《中国旅游强县评定标准》等非企业标准。旅游标准化的宏观效果体现为如下两个方面：

（1）区域经济效果，即旅游标准化为当地经济发展带来的效果。旅游标准化对经济的影响可能是多方面的，但限于实际情况，我们基本不可能对影响的各个方面一一展开评价，通常只能对其中关系最密切或影响最显著的方面进行考察、评价，比如旅游标准化实施之后，旅游业对其他相关产业的，比如农业、工业或其他服务的带动力是否有所提升，当地游客人次是否有所增加等方面。

（2）区域环境效果，即旅游标准化对当地生存环境带来的影响。这种环境包括自然生态环境，也包括公共服务、社会安全等社会环境。这种环境可以体现为各种有形的硬件设施和各类服务，从而可以通过各项数据指标做出客观判断，也可以体现为当地居民及外来游客的心理感受，并通过满意度体现出来，反映了一个城市社会形象的变化。

关于该评价指标体系，最后需要说明的是，它仅仅是一个参考体系，每一项标准化效果的评价，基于标准化内容的不同、评价者需求的不同、实际困难或局限的不同，应当选择最合适的评价指标。比如着重于说服企业重视标准化工作的评价，可以强调微观效果的评价；目的在于促进当地政府重视并推进标准化工作的，可以标准化的宏观效果评价为主；目的在于通过修订标准完善标准化工作的，可以综合评价标准化各方面的效果，或修订者关注的问题环节。

第四节　旅游标准化效果的评价方法

旅游标准化效果的评价方法是由其评价对象决定的，即何种类型的标准化效果决定了使用何种评价方法。下面我们以微观效果的评价为重点来讨论旅游标准化效果的评价方法。

一、企业经济效果

企业经济效果的评价方法主要运用数据计算法，这里的数据主要是前述三级指标中罗列的项目。

1. 标准化工作的投入成本

这一成本体现在标准化工作的两个环节中：①旅游标准制定过程中的费用，主要包括劳务费、资料费、差旅费、会议费、餐饮住宿费等；②旅游标准实施过程中的费用，包括标准宣贯费用、劳务费、人员培训费用、相关设备更新费用、会议费、资料费、差旅费、餐饮住宿费、标准过渡期损失费等。上述费用求和就是标准化工作的投入成本，即：

$$K = K_1 + K_2 \cdots\cdots + K_n = \sum_{i=1}^{n} K_i$$

式中　K——标准化投入成本（元或万元）；

K_i——制定、实施标准而发生的各项费用支出（元或万元）；

n——费用支出的项数。

2. 标准化带来的生产成本减量

这种减量通常有劳动力节约而减少的费用、工作流程合理化导致各类耗材减少费用的、员工日常会议或培训减少而减少的费用、工作失误减少导致因投诉纠纷减少而减少的费用等等，即：

$$J = J_1 + J_2 + \cdots + J_n = \sum_{i=1}^{n} J_i$$

式中：J——标准化带来的生产成本减量（元或万元）；

J_i——制定、实施标准而发生的各项费用支出（元或万元）；

n——费用支出的项数。

3. 标准化带来的产值增量

这种增量主要是业务量增加带来的收入增量，用 Z 表示。

依据上述三项指标，旅游标准化企业经济效果的计算公式为：

$$Y_1 = K - (J + Z)$$
$$Y_2 = K \div (J + Z)$$

式中：Y_1——旅游标准化企业经济效果差值结论；

Y_2——旅游标准化企业经济效果比值结论。

二、企业员工效果

企业员工效果不像企业经济效果那样可以得出一个确切的数值，其三项三级指标是相互独立的，分别从三个方面衡量标准化工作体现在企业员工身上的效果。

（1）劳动报酬提升这一指标是这三项之中最为简单的，仅需比较标准化前后员工报酬的差异即可。其结论可以是全体员工平均报酬的差值，也可以是标准化工作相关性较高的部分员工的报酬的差值。由于员工报酬往往原本就具有增值机制，因此差值往往不能准确反映该效果。为避免这一缺陷，标准化前后员工报酬增长比值或曰增长率的差异更能反映标准化的这一效果。

（2）工作效率提升这一指标是指在标准化工作实施前后员工在单位时间内完成的合格的工作量的变化。实际的困难就在于旅行社行业作为服务性行业，其员工的工作量很难像产业工人的工作量那样明确。基于这一实际困难，可以将工作量的衡量方法改变为单位工作合格完成所需时间，例如旅行社门市、计调等岗位完成一项工作所需的时间。

（3）员工素质提升是一个相对复杂的指标。前述两个指标都可以通过数据计算的方法获得结论，但这里却不可能有这样的数据供计算，因为员工素质不是一个容易量化的指标。对此较为合适的评价方法是问卷调查法，即确定合理的素质考察点，设计合理的调查问卷。在标准化工作开展的前后的一定时期分别对员工进行调查，由此考察员工在各个素质考察点上的变化。

三、企业核心竞争力效果

对于企业而言，标准化工作的最终目的就是增强企业的市场竞争力，占有更高的市场份额，实现更高的经营收益，因此，该指标必然是企业最关心，当然也是最重要的。该指标由三项三级指标组成。

（1）相应环节消费者投诉减少。该指标主要衡量标准化工作对旅游企业服务质量提升的效果。服务质量的优劣会直接影响到游客投诉的数量，有关投诉的数据又很容易获取。因此，通过比较标准化工作前后一定时期内游客投诉量的增减，可以有效判断服务质量提升的效果。

（2）社会影响力提升。成功的旅游标准化工作也将改善旅游企业的社会影响力，这体现为该企业在一定人群中的知晓度、美誉度。有关知晓度，可以针对特定域人群进行抽样调查进行直接判断，也可以通过在特定媒体上该企业被提及或被报道的次数进行间接判断。有关美誉度，可以向游客获取反馈意见，并进行满意度分析，也可以通过特定媒体上登载的游客评价的状况进行分析。就标准化工作实施前后一定时期获取的上述数据进行比较，可以得出该旅游企业社会影响力提升状况的数据。

（3）企业市场份额提升。该指标评价方法并不复杂，仅需对标准化工作前后一定时期企业在目标市场的占有率进行比较即可。但需要确定的是，占有率如何衡量，对于旅游企业而言，可以接待的游客人次占目标市场总接待人次之比进行衡量，也可以销售额占目标市场总销售额之比进行衡量。

综上，旅游标准化效果的评价方法主要有数据计算法、问卷调查法、特定媒体相关信息分析法等，在实践中根据标准化效果类型和性质的不同，采取相应的评价方法。至于旅游标准化的中观、宏观效果的评价，虽然评价的范围更广，评价的难度更大，但采用的方法基本类同。

第八章　旅游标准化示范区建设

旅游标准化示范区是指由国家标准化管理委员会会同国家旅游局和地方共同组织实施的，以实施旅游标准为主，具有一定规模，管理规范，标准化水平较高，对周边和其他相关旅游产业能起示范带动作用的标准化区域。开展旅游标准化示范工作，对于促进旅游标准的实施具有重要作用。旅游标准化示范区建设是旅游标准化工作中的一项重要内容，其根本目的就是将先进的旅游服务规范和技术标准应用于整个示范区旅游业的实际工作中，是对整个示范区旅游产业和服务过程的标准体系实施大面积普及、宣传推广直至应用阶段的桥梁，是科学技术进入示范区旅游产业化服务的过渡形式。通过旅游标准化示范区的示范和辐射带动作用，可加快用现代科学技术改造传统旅游业，提高旅游业发展与服务能力。

第一节　旅游示范区建设内涵

旅游示范区建设必须遵循建设的基本原则，明确建设目标、建设任务，正确运用建设策略等示范区建设内涵。

一、基本原则

旅游示范区建设的基本原则包括政府推动与企业为主相结合的原则、重点突破与全面推进相结合的原则、软件提升与硬件提高相结合的原则，以及国家标准、行业标准和地方标准、企业标准相结合的原则。

1. 政府推动与企业为主相结合的原则

政府推动与企业为主相结合的原则，是指既要充分发挥各级政府的宏观指导和政策导向作用，又要充分发挥市场配置资源的基础性作用，广泛发动旅游企业及社会中介组织，激发市场主体的积极性和创造性，形成政府、企业、行业协会、中介组织等共同推进旅游标准化工作的合力。

2. 重点突破与全面推进相结合的原则

重点突破与全面推进相结合的原则，是指示范工作将选择旅游标准化工作基础较好、积极性较高的地区和旅游企业进行，通过一定时期旅游标准化工作的培训、辅导，经过评估达到试点要求后，在此基础上形成经验，逐渐在区域乃至全国范围内推广。

3. 软件提升与硬件提高相结合的原则

软件提升与硬件提高相结合的原则，是指通过旅游标准的宣贯、实施，进一步规范旅游服务行为，提高旅游管理水平和旅游产品的质量，维护广大旅游者和旅游经营者的合法权益。同时促进旅游服务设施的升级和完善，全面提升旅游服务水平和产业竞争力。

4. 国家标准、行业标准和地方标准、企业标准相结合的原则

国家标准、行业标准和地方标准、企业标准相结合的原则，是指通过示范工作，充分调动各地推进标准化工作的积极性，逐步形成由国家标准、行业标准和地方标准、企业标准共同组成的四级旅游标准项目框架体系。

四个原则是硬性与软性的结合，既规范了必须遵循的要求，同时也给出了如何更有效坚持原则的方法和步骤，为旅游示范奠定了有效工作的依据和基础。

二、建设目标

旅游示范区建设必须有明确的目标和方向，并且通过各种渠道让本区域和相关区域的人们了解，而具体涉及单位、部门和人员则必须明确，一般地说，通过旅游标准化示范区建设，要达到以下具体目标：

加强现有旅游业国家标准和行业标准的实施力度，扩大其实施范围和影响力，规范和提高旅游服务质量和产品质量；

在试点地区建立符合当地旅游业发展特点的旅游标准化体系，提高旅游吸引力和竞争力，全面提升试点地区旅游整体发展水平；

培养一批具有高水平企业标准、运作规范、管理先进、服务优质的旅游示范企业或名牌企业，引导旅游企业向标准化、品牌化的方向发展；

创新旅游标准实施方法和评价机制，坚持标准实施与评价相结合的原则，改进当前以政府为单一评价主体的旅游标准评价体系，探索发挥行业协会和中介组织在标准实施及评价中的积极作用。

当然，目标是灵活的，是可以按不同的旅游发展程度和需要进行适时的调整和修正，但目标一旦确认，就必须用目标来衡量和考核示范的效果。

三、建设任务

在旅游标准化示范区建设目标的引领下，具体的旅游标准化示范区建设任务的设置和要求，是实现旅游标准化示范区目标的主要渠道和工作抓手。旅游标准化示范区的建设任务常常由示范试点着手，具体可分：一是示范试点单位领导机构的任务；二是示范试点单位组织机构的任务。

(一) 示范试点单位领导机构的任务

示范试点单位应成立由主管领导任组长、相关人员组成的示范试点工作领导小组，对示范试点工作进行统一领导、统一组织、统一协调、统一实施。

领导小组的主要任务是：确定示范试点工作的具体目标，组织编制示范试点实施方案，结合实际制定示范试点工作的规划或计划、实施步骤和保障措施；协调部门分工，分解目标和任务，督促任务落实；组织标准的宣传培训，开展标准的实施和实施效果的评价；总结各阶段工作。

(二) 示范试点单位组织机构的任务

1. 建立健全标准体系

示范试点单位应根据自身实际构建科学合理、层次分明、满足需要的标准体系框架，编制标准体系表。标准体系应在组织内部有效运行。

2. 组织旅游标准实施

示范试点单位应确保纳入标准体系表的所有标准得到实施，尤其是全面采用现行的相关国家标准、行业标准、地方标准，用标准化手段，积极促进旅游服务和市场秩序规范化。

3. 开展标准宣传培训

示范试点单位应有计划地开展旅游标准化专业知识培训，重点加强对领导层、管理层和标准化工作层干部职工的培训，提高标准化意识，增强执行标准的自觉性。

4. 开展标准实施评价

示范试点单位应建立标准实施情况的检查、考核机制，定期组织内部检查和自我评价，参加上级部门组织的标准实施评价。

5. 制定持续改进措施

示范试点单位应建立持续改进的工作机制，定期总结试点工作中的方法、经验并在此基础上加以推广应用，对标准实施过程中发现的问题应及时提出修订标准的建议，在不断完善标准中改进和提升旅游产品质量和服务水平。

6. 创建行业品牌

示范试点单位应以标准化、规范化管理为手段，以提高产品质量和服务水平为目的，争创旅游行业品牌。

此外，对消费者的调查，对行业从业人员的多重分析，对示范试点单位的试点前后服务、业绩等比对，也是示范试点工作的任务。

四、推进策略

为了更好地实施旅游标准化示范区建设，在具体示范试点中必须注重建设策略，常见的推进策略可从以下几点着手。

(一) 基本策略

坚持"企业主体、需求导向、自主创新、服务发展"的方针,坚持结构、质量、速度、效益相统一的原则,构建政府、企业、市场、社会、国际"五位一体"良性互动的推进机制,保持标准的有效性和适应性。

——增强政府推动力。发挥政府引导、组织与调控作用,整合有效资源,加大政策聚焦力度,推动形成齐抓共管的工作合力。

——增强企业主动力。发挥企业在实施技术标准战略中的主体作用,引导企业面向市场需求推进标准实施工作,走"以质取胜、标准兴企"的发展路子。

——增强创新驱动力。以优势特色产业和战略新兴产业的技术创新为突破口,提高核心技术和专利技术标准转化率,促进科技、标准与产业同步发展。

——增强社会联动力。发挥行业协会、中介组织和新闻媒体在实施技术标准战略中的桥梁纽带作用,调动社会各界参与实施技术标准战略的积极性,增强全民标准意识。

——增强国际接合力。密切关注国内外经济形势新变化,加大采用国际先进标准力度,推动创新成果标准化、注重标准国际化,全面提升企业在国际国内市场的竞争力。

(二) 找准旅游标准化建设切入点

提高旅游标准化示范工作的有效性,关键是把旅游标准化工作从静止的、定式的思维模式中转变过来,树立市场观念、竞争观念以及法制观念,以旅游管理法制化、旅游产品市场化、旅游服务科学化为切入点,使旅游标准化示范区建设工作不拘于形式,成为顺应法制化、市场化、科学化的自觉行为,以品质服务建设为对象,以标准化为动力,带动旅游服务管理的标准化,最终实现旅游国际化、现代化的目标。

(三) 紧贴旅游经济脉搏

要选准旅游标准化示范点,由于旅游标准化工作还是刚刚起步阶段,在许多旅游环节和领域中,旅游标准还是空白,这种情况决定了旅游标准化示范工作必须循序渐进,有重点、有步骤地向前发展。因此,旅游标准化示范点的选择也就成为了至关重要的问题。在旅游服务标准化方面,一要应坚持以市场为导向,市场需要的旅游服务产品就是旅游标准化工作的重点对象。二是在旅游经济发展中,已经形成规模,有发展前途和需要规范化管理的旅游服务产品,应列入旅游标准化工作发展对象。三是在旅游经济发展中,影响面大,能够带动旅游业及相关企业经济发展,受到各级组织关注,涉及旅游消费者利益的项目,应纳入旅游标准化工作发展对象。

(四) 加强监测,督促旅游能力水平的提高

充分利用司法机关、权力机关和社会、新闻监督力量,加强对旅游服务管理标准化工作的监督,促进旅游服务管理工作规范化,提高旅游行政能力水平;充分利用现有的

网络平台，加强旅游服务监测，为维护旅游安全和发展旅游业提供科学依据；加强旅游服务质量的监督管理，维护正常的旅游服务秩序和公平竞争，全面提升旅游产业质量和市场竞争力。

第二节 示范区建设方法

旅游示范区建设方法先立足示范试点，在考核评估的基础上，进行示范区的确认，所以示范区的建设实际就是示范试点的建设。示范试点建设流程，一般包括示范试点的审批、示范试点建设流程和管理等。

一、示范试点的申请与审批

（一）示范试点对象

依据2010年国家旅游局《全面推进旅游标准化试点工作实施细则》"试点的申请与受理"的规定，旅游示范试点单位可以是旅游业发展较好或具备潜力的省、市、县（区）和旅游企事业单位（以下分别简称试点地区和试点企业）。

（二）试点地区应具备的基本条件

（1）地方政府高度重视旅游业发展，将旅游业作为服务业发展的龙头或支柱产业之一，积极申请参加旅游标准化试点工作，并能为试点工作提供政策及经费支持。

（2）旅游产业基础较好，具有较为完善的旅游产品体系和接待服务体系，旅游业发展具有明显的区域优势或特点。

（3）地区内的旅游企业整体上具有一定实力和竞争力，积极开展旅游标准化工作。

（4）在本地区积极宣贯国家标准和行业标准，积极制定地方标准并在本地区推行标准化管理。

（三）试点企业具备的基本条件

（1）具备独立法人资格，能够独立承担民事责任。

（2）诚信守法，企业三年内未发生重大产品（服务）质量、安全健康、环境保护等事故，未受到市级以上（含市级）相关部门的通报批评、处分。

（3）企业的市场占有率和经济效益排名位于本地区同行业前列，具有良好的发展潜力。

（4）具有一定的标准化工作基础，设立标准化管理机构并配备专、兼职标准化人员，企业负责人具有较强的标准化意识。

（5）在本企业自行研发企业标准并得到有效实施，积极参与国家标准、行业标准和地方标准的制定，基本形成本企业的标准化管理体系。已通过ISO 9001质量体系或ISO

14001 环境体系认证的企业可优先考虑。

（四）受理

（1）试点申请由试点单位自愿提出，填写《旅游标准化试点申请表》和《旅游标准化试点任务书》（见表 8-1、8-2）并上报。

表 8-1 《旅游标准化试点申请表》示例

旅游标准化试点申请表

申 请 单 位 名 称（章）

联　　系　　人
联　系　电　话
申　请　日　期

（正页样张）

单位名称				
法定代表人 （负责人）		法人注册地址		省（市）　县（区）
单位地址				
联系电话		电子邮箱		
标准化工作 机构名称		标准化负责 人员姓名		
近三年是否发生重大质量安全环境事故				
旅游标准化工作情况和自我评价				
申请单位（盖章）： 　　负责人（签名）： 　　　　　年　月　日		受理部门意见： 　　（盖章） 　　　　　年　月　日		

表 8-2 《旅游标准化试点任务书》示例

旅游标准化试点任务书

单位名称：

二〇　　年　　月

（正页样张）

一、旅游标准化工作现状与试点应具备条件符合性	
二、试点预期实现工作目标（包括标准体系建立、实施及实施效果等）	
三、计划工作步骤、时间进度、阶段工作内容（包括宣传培训、标准体系建立、组织实施标准、自查、申请验收等）	
时间	阶段工作内容	负责单位及参与单位
四、经费保障情况		
1. 经费主要投入方向		

（续表）

2. 经费来源（包括当地政府、有关单位经费投入等）
五、试点申请单位及受理部门意见 申请单位（盖章）： 负责人（签名） 年　月　日
受理部门意见：   （盖章）　负责人（签名） 年　月　日

　　（2）试点市、县（区）和试点企业的申请由省级旅游行政管理部门负责受理。省级旅游行政管理部门应在接到申请后的15日内完成对申请单位提交的申请材料与（二）或（三）要求的符合性进行审核。试点省由省级旅游行政管理部门直接向国家旅游局申报。

　　（3）对于符合条件的申请市、县（区）和企业，由省级旅游行政管理部门汇总报国家旅游局，由国家旅游局选择、确定后下达。试点省由国家旅游局直接审核、确定。

二、示范试点建设流程

　　旅游标准化示范试点的建设，必须按一定的流程（见图8-1）进行。

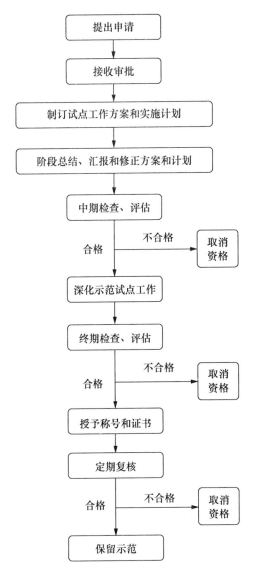

图 8-1　旅游标准化示范试点建设流程

关于旅游标准化示范试点的申请与审批参照前段表述。

制订试点工作方案和实施计划，是指被批准作为示范试点的单位，必须在试点建设前编制的二项必备内容，编制完毕后必须向省级旅游行政部门备案。其内容主要包括试点工作组织、领导机构，试点目标、试点方法和项目，试点效果自评价等。

阶段总结、汇报和修正方案和计划，是指旅游标准化示范试点单位要不间断进行台账建设，不断总结成功的经验和不足，及时向上级和专家汇报和咨询旅游标准化建设中碰到的问题，寻求解决方案和办法，修正原定的试点计划和实施方案，以便更顺利完成试点任务和创新旅游标准化建设的思路。

中期和终期检查、评估，示范试点工作一般为二年，中期检查和评估一般在示范试点一年后进行,而终期检查、评估则安排在第二年年底进行。中期和终期的评估由国家旅游局委托全国旅游标准化技术委员会或省级旅游行政管理部门组织。评估工作可邀请有关部门共同参与,并积极发挥中介组织和行业协会的作用。具体检查评估方法和要求见第三节。中期评估合格的继续进行深层次旅游标准化试点,不合格的则取消示范试点资格。终期评估合格的则授予示范称号和证书,有效期一般为三年。

定期复核常指对已到期的示范单位的示范情况进行的复查与核准。对有被举报的示范单位,情况属实的也可提前复核。复核合格的继续保留示范称号和证书,不合格的勒令其在有效期内整改、再复核。

三、示范试点的主要内容

旅游标准化试点的主要内容包括贯彻实施相关标准和培养旅游标准化人才。

（一）贯彻实施相关标准

（1）确定本地区、本企业的旅游标准化发展规划或计划,并按步骤实施。
（2）大力推广、实施旅游业国家标准、行业标准。
（3）制定和实施符合本地区实际和旅游发展特点的旅游业地方标准。
（4）旅游企业在执行国家标准、行业标准和地方标准的基础上,制定实施具有本单位特色、高水平、高标准的企业标准。
（5）实施与旅游业相关的其他公共服务标准。

（二）培养旅游标准化人才

（1）培养旅游标准化行政管理人才。
（2）培养旅游企业标准化管理人才。
（3）建立旅游标准化专家队伍,加强旅游标准化科研工作。

四、示范试点的管理

旅游标准化示范试点必须进行有效的管理,才能顺利完成示范试点任务,才能实现示范试点的最终目标。具体的管理可以按两个不同层次的要求来进行。

（一）各级旅游行政管理部门的管理

各级旅游行政管理部门的管理必须从以下几个方面进行：
（1）各级旅游行政管理部门应加强对示范单位旅游标准化工作的管理,指导示范单位按照试点工作的有关要求推动各项旅游标准的实施。示范省旅游标准化工作由国家旅游局负责指导。

（2）各级旅游行政管理部门应及时总结标准化试点的成功经验，采用多种形式加大旅游标准化试点成果的宣传，不断增强行业的标准化意识。

（3）各级旅游行政管理部门应对示范单位进行跟踪考核，发现不符合标准或发生重大责任事故的单位，将限期整改或上报国家旅游局。国家旅游局可视情节做出书面警告、通报批评或撤销证书的处理。证书被撤销的，两年内不得重新申请试点。

（4）各省级旅游行政管理部门应及时总结试点工作取得的成果，推广旅游标准体系建设及标准实施等方面的经验，并向国家旅游局提出工作建议和意见。

（5）由国家旅游局和各省、自治区、直辖市建立旅游标准化专家库。专家一般应从事旅游业或标准化工作5年以上，具有较扎实的专业知识，具备一定的组织管理和综合评审能力。

（二）示范、试点的管理单位的管理

示范、试点的管理单位的管理可以从以下几个方面进行。

1. 建立健全旅游标准化示范试点的组织机构

旅游标准化示范试点建设的顺利开展，必须建立健全的领导组织机构，是区域性示范试点的要在示范区旅游行政管理机构牵头下，组织质量技术监督、科技、多种经营、计划财务等部门成立示范区建设领导小组，办公室设在旅游行政或质量技术监督部门，负责旅游标准化工作的组织领导统筹协调。办公室内设工作领导小组、技术工作组、顾问组，对示范区试点建设工作进行具体指导。是示范企业点的同样须建立健全的领导组织机构，领导和统筹旅游标准化试点的全面工作。

2. 摸清基础情况，制订切实可行的实施方案

旅游标准化示范试点确立后，要对示范试点建设前的基础情况进行摸底，便于示范试点建设前后进行对比。实施方案中目标要求科学，进度安排得当，措施落实得力，示范效果明显。制订时应充分听取行业专家、试点单位的意见，经示范试点建设工作领导小组审定、发布，作为示范试点实施、验收的依据。同时，示范试点应出台相关政策措施，提供专项资金支持旅游标准化试点工作。

3. 建立并完善示范试点自身标准体系

旅游标准化示范区建设，就是要建立以示范试点自身旅游管理和旅游服务标准为核心，包括保证标准实施所必需的配套标准，形成标准体系并付诸实施。一个示范试点示范效果的好坏，在很大程度上取决于执行标准的先进性和可行性。应该在对国内外标准广泛调研的基础上，积极采用国际标准和国外先进标准，严格执行国家标准、行业标准和地方标准，充分考虑旅游消费者、旅游从业人员和旅游专家的意见，制定符合旅游地方特色、能够指导本示范试点旅游管理和服务过程的旅游标准体系。

4. 宣传、实施标准

标准实施是建设示范试点至关重要的环节，宣传标准是为了实施，只有实施才能产生效益，发挥示范试点的作用。因此，要根据标准体系的统一规划，结合各个示范点，

在充分考虑地方特色和现有成熟经验的基础上，分解标准和操作规程，制订计划。可采用社会舆论、宣传媒体、编印标准书籍和小册子、拍摄电视宣传片等方式，对不同层次的对象进行宣传、培训，让管理人员、旅游从业人员都能准确地把握标准、运用标准。建立联动宣传推广机制，形成全员共同参与的良好氛围，充分发挥旅游标准的作用。

5. 适时地组织检查、指导，建立有效的监管评估机制

旅游标准化示范试点建在旅游的全过程或全区域，示范点布局比较分散，应组织有关人员进行检查、指导。这样做一方面可协调、处理示范试点建设过程中遇到的一些问题；另一方面可随时了解示范试点的建设进度，做到及时掌握有关情况，便于有针对性地进行指导，对示范试点也可起到促进作用。同时，示范试点区应围绕评估标准进行任务分解，明确部门工作分工和完成时限，建立监管评估机制，将分解工作任务列入绩效考核的内容。试点单位也应不断强化标准的实施及有效性的评估工作，强化督促和考核工作，促进企业管理和服务水平的提高。

第三节 示范试点建设的考核与评估

示范试点建设的效果必须通过不同阶段的考核和评估才能给予结论，旅游标准化示范试点的考核与评估分阶段（平时）、试点中期、试点终期和定期复核几个阶段。

一、考核与评估的组织管理

旅游标准化示范试点建设的考核与评估由国家旅游局委托全国旅游标准化技术委员会组织。评估工作可邀请有关部门共同参与，并积极发挥中介组织和行业协会的作用。

全国旅游标准化技术委员会组织成立评估组开展评估工作。考核评估组由旅游业及标准化专家和管理人员组成，成员一般为3~6人。专家的选取应主要来源于全国旅游标准化技术委员会和各省、自治区、直辖市建立的专家库。

阶段（平时）考核与自评由示范试点自行组织进行，并把结果报告省级旅游行政部门。

中期评估的组织和协调工作由国家旅游局负责。同时国家旅游局负责对省级旅游标准化试点的中期评估，抽查部分旅游标准化试点地区和重点试点企业的中期评估工作。

各省级旅游行政部门负责本辖区内示范试点单位的中期评估工作，并在中期评估工作结束后，向国家旅游局提交中期评估报告。

国家旅游局统一组织对各旅游标准化示范试点单位的评估验收工作。按照评估验收工作分工，各省级旅游行政部门要负责对各旅游标准化试点地区的初审工作，评估验收初审通过后报国家旅游局组织评估验收。各旅游标准化示范试点建设承担单位应按要求如实提供相关资料或考核现场。旅游标准化示范试点考核工作，参照《全国旅游标准化

试点评估表（试行）》相应的规定评估、执行。

二、考核与评估的方法和程序

（一）考核与评估的方法

考核评估的一般方法，采取听取汇报、审查资料、现场考核、抽样调查、各方走访等形式，由评估组专家根据《旅游标准化试点地区评估计分表》或《旅游标准化试点企业评估计分表》对试点单位进行现场考核评估，也可根据试点单位的实际情况制订评估方案。

试点单位试点期间如发生过重大质量、安全、环保等事故的，或受过市级以上（含市级）相关部门的通报批评、处分的，将不予受理。

（二）考核与评估的程序

旅游标准化示范试点工作一般为二年。试点期满前三个月，试点单位应按照试点任务书和《旅游标准化试点地区评估计分表》或《旅游标准化试点企业评估计分表》内容进行自查，自查合格的，向国家旅游局提出评估申请，并填报《旅游标准化试点评估申请表》。

国家旅游局对旅游标准化示范试点建设承担单位提出的申请，要及时进行审核，决定是否组织试点考核，并通知承担单位具体考核时间。经审核不能进行考核的，要提出存在的问题和要求改进的方面。

不管是中期、终期还是定期复核，旅游标准化示范试点考核评估的常规程序为：
(1) 宣布评估组成员、评估程序及有关事宜。
(2) 评估组听取试点单位工作汇报。
(3) 查阅必备的文件、记录、标准文本等资料。
(4) 考核旅游服务现场。
(5) 随机调查消费者满意程度。
(6) 依据评估计分表进行测评。
(7) 形成考核评估结论。
(8) 评估组向试点单位通报评估情况，提出改进意见和建议。

最后由评估组向全国旅游标准化技术委员会提交《旅游标准化试点评估报告》。

三、考核与评估内容

旅游标准化示范试点考核与评估应根据示范试点单位上报的试点工作任务进行，重点评估示范试点单位在标准化长效工作机制的建立、政策支持、工作创新、建立健全标准体系、组织实施旅游标准、开展标准实施评价及创建行业品牌等方面所做的各项工作。

考核与评估内容与过程一般为：

（一）听取工作汇报

旅游标准化示范试点领导小组简要汇报示范试点建设的组织管理、工作开展、经费使用、示范效果和任务完成情况，以及存在问题等，并回答示范试点考核评估组提出的质询。

（二）抽查相关资料

考核评估组根据试点任务书随机查阅反映示范试点工作进展情况的实施方案、年度计划、运行记录、管理文件、工作总结和标准文本以及反映示范试点前后的经济指标统计等资料。有条件的可同时查看录像、照片等声像资料。

（三）现场考核

现场考核评估是旅游标准化示范试点考核评估的重点，考核评估组常分成台账资料小组、现场考核小组，各考核评估小组按照《旅游标准化试点地区评估计分表》或《旅游标准化试点企业评估计分表》（见附加）所列项目和要求，进行现场逐项考核打分。现场考核要走访基层组织、行业从业人员和相关旅游消费者，了解：示范试点单位员工接受标准化培训情况和掌握旅游服务质量安全标准、旅游服务规程等熟悉程度；有关旅游标准资料的宣贯、发放和旅游标准的实施情况；相关措施、资金的落实情况；等等。所有被现场考核的考核记录均由考核评估组专家签字。考核得分在 750 分以上的为合格。

（四）提出结论

考核评估组在充分调查、全面了解示范试点单位实施情况的基础上，客观、公正地提出考核结论，并向示范试点单位试点领导小组通报考核评估情况及结论。对需要补充说明和提供相关材料的，示范试点承担单位应现场及时给予说明和提供相关证明材料，考核评估组根据实际情况公正处理。对存在的问题和不足应提出整改建议。示范试点考核通过后，要形成考核评估纪要。

四、考核与评估材料的报送

报送考核评估相关材料，特别是阶段（平时）自查、中期评估和终期自评等材料，是旅游行政部门全面、及时了解和总结试点工作进展情况，加强宏观指导，促进信息沟通，推广典型经验的重要途径，也是准确、有效地做好考核评估的基础。一般报送的主要内容为：

（一）旅游标准化示范试点地区

（1）本地区推进旅游标准化试点工作总体情况。
（2）本地区促进旅游标准化工作相关政策、措施。
（3）本地区旅游标准化机制建立运行情况。
（4）旅游业标准宣贯实施和制定、修订情况。
（5）本地区推进旅游标准化试点工作创新做法。
（6）其他相关情况。

（二）旅游标准化示范试点企业

（1）本单位开展旅游标准化试点工作总体情况。
（2）企业标准化体系建设情况。
（3）企业标准化机制建立运行情况。
（4）旅游业标准宣贯实施情况。
（5）企业推进旅游标准化试点工作的创新做法。
（6）其他相关情况。

五、示范区确认

国家旅游局对通过评估的国家级试点单位命名为"全国旅游标准化示范单位"（示范省、示范城市、示范县（区）、示范企业），授予证书并向社会公布，证书有效期为三年。

六、定期复核

定期复核是指已经被命名的旅游标准化示范单位在有效期满后，或在示范有效期内有举报其未按示范要求实施旅游标准的，情况属实的也可提前复核。

（一）复核的组织实施

复核工作由国家旅游局委托全国旅游标准化技术委员会统一组织实施。
国家旅游局可委托省级旅游行政管理部门对示范单位进行复核，并对部分示范单位进行抽查。

（二）复核的原则

复核工作应制度化、规范化、程序化，坚持科学、公正、公平、公开的原则，并建立长效机制。

(三) 复核的一般要求

(1) 示范单位在"全国旅游标准化示范单位"证书有效期届满前3个月向国家旅游局提出复核申请，并提交《旅游标准化示范单位复核申请表》。逾期不提交的视为自动放弃。

(2) 国家旅游局在收到示范单位申请材料之日起3个月内组织专家完成复核工作。

(3) 复核期间如申请单位发生重大质量事故或标准化体系运行出现重大问题，则停止复核工作；如申请单位有弄虚作假行为，一经发现，则停止复核工作并通报批评。

(4) 参与复核工作的有关人员如有违规行为，将取消其参与复核工作资格，并通报相关单位。

(四) 复核的工作步骤

(1) 成立复核专家组。复核专家组应由旅游业和标准化专家以及管理人员组成。示范单位为企事业单位的，专家组成员人数一般为2~3名，复核时间一般为1~2天；示范单位为地区的，专家组成员人数一般为4~6名，复核时间一般为2~4天。

(2) 复核申请材料评价。专家组对申请单位复核申请材料依据相关标准和文件进行评价。

(3) 现场复核。申请材料符合要求的，专家组对申请单位进行现场复核。主要包括对标准体系文件的审查及现场检查两个方面内容。

(4) 形成复核结论。专家组根据现场审核结果，集体讨论后，提出结论意见，形成《旅游标准化示范单位复核报告》，并就有关问题与被复核单位沟通。

(五) 复核结论

经复核合格的示范单位，由国家旅游局换发"全国旅游标准化示范单位"证书并向社会公布。

经复核不合格的单位，取消其示范单位称号。

附录1 《全国旅游标准化工作管理办法》

(旅办发〔2009〕149号)

第一章 总则

第一条 为加强全国旅游标准化工作的管理,推进旅游标准化工作,提高旅游服务质量,根据《中华人民共和国标准化法》、《中华人民共和国标准化法实施条例》、《全国专业标准化技术委员会管理规定》等有关规定,制定本办法。

第二条 旅游标准化工作的任务是为实现旅游业发展的总体目标,建立和完善旅游业标准体系,制定旅游业标准并组织实施,对标准的实施进行监督。

第三条 旅游标准化工作是国家标准化工作的重要组成部分。国家旅游局是旅游标准化工作的行政主管部门,旅游标准化业务接受国务院标准化行政主管部门的指导。

第四条 旅游标准化工作是旅游行业监督管理工作的重要内容。各级旅游行政管理部门应建立健全标准化工作机制,纳入行业监督管理范围。

第五条 旅游标准应积极采用国际标准和国外先进标准,特别是国际标准化组织、国际旅游组织及旅游发达国家的标准;积极参加国际标准化活动,参与有关国际标准的研究、制定工作。

第六条 鼓励科研机构、行业协会等社会中介服务组织、企业和院校等参加旅游标准化工作。

第二章 组织机构和职责

第七条 全国旅游标准化工作实行统一领导与分工负责相结合的管理体制。

第八条 国家旅游局标准化工作机构由全国旅游标准化技术委员会和各分技术委员会组成。

第九条 全国旅游标准化技术委员会(简称"旅游标委会")是从事全国旅游专业领域标准化工作和归口管理的技术组织,其成员由旅游各专业领域的专家组成。旅游标委会日常工作由秘书处承担,设在监督管理司标准化处。

第十条 分技术委员会是报经国务院标准化主管部门批准成立,在旅游标委会下的具体专业领域内从事全国性标准化工作的技术组织。

第十一条 各省、自治区、直辖市旅游行政管理部门负责本行政区域内的旅游标准化工作。应成立相应的旅游标准化组织机构,日常工作由专人负责。

第十二条　旅游标委会职责：

（一）贯彻国家标准化有关法律、法规、方针和政策，结合旅游业的实际，提出旅游标准化政策和措施建议；

（二）分析旅游专业领域标准化的需求，研究提出标准化发展规划、标准体系、标准制定、修订计划项目并组织实施；

（三）协调全国旅游标准化组织机构的建设和管理，组织旅游标委会的换届、推荐专家和监督检查工作；

（四）负责分技术委员会的组建和业务管理；

（五）指导省、自治区、直辖市旅游行政管理部门、旅游行业协会和旅游企业的标准化工作；

（六）组织旅游业国家标准、行业标准的立项、起草、修订、技术审查和报批等工作，负责标准项目计划的落实、检查和监督；

（七）负责向国务院标准化行政主管部门报送制定、修订的国家标准；

（八）负责行业标准和标准化指导性技术文件的审核、编号、发求意见、技术审查、报批等相关工作档案；

（九）负责旅游专业领域国家标准的复审工作，提出标准继续有效、修订或废止的建议；

（十）负责旅游标准宣贯、培训、经验交流和技术咨询服务工作；

（十一）开展旅游标准化工作的调查研究，对标准的实施情况进行监督；

（十二）承担本专业领域的国际标准化工作，开展国际交流与合作；

（十三）组织开展旅游标准化基础理论研究、学术交流活动；

（十四）负责旅游标准化工作的表彰奖励工作，组织旅游标准化研究成果的奖励申报工作；

（十五）建立并管理旅游业国家标准和行业标准立项、起草、征求意见、技术审查、报批等相关工作档案；

（十六）每年至少召开一次全体委员会工作会议，并向国务院标准化行政主管部门提交年度工作报告和年度工作报表。

第十三条　分技术委员会职责参照旅游标委会职责执行。

第十四条　国家旅游局有关业务司室标准化工作的职责：

（一）提出本部门业务范围内的标准项目及标准化工作建议；

（二）根据旅游标委会的委托和标准项目计划，参与组织制定、修订有关标准；

（三）参加与本部门业务范围有关标准的技术审查；

（四）负责本部门业务范围内标准的宣贯和监督实施。

第十五条　各省、自治区、直辖市旅游行政管理部门负责本行政区域内的旅游标准化工作，主要职责：

（一）贯彻执行标准化法律、法规、方针、政策和旅游业国家标准、行业标准内及国家旅游局标准化指导性文件；

（二）提出对旅游标准化工作的工作计划、实施办法；

（三）负责本辖区范围内旅游业国家标准、行业标准、指导性文件的宣贯和监督实施；

（四）组织制定本地区需要的旅游业地方标准、企业标准，并报技术归口单位备案；

（五）参与、配合国家旅游局标准项目的制定、修订工作和标准的审查；

（六）指导旅游企业和相关经营单位建立旅游标准化工作机构，配备专职或兼职人员，开展标准化工作；

（七）承办全国旅游标准化技术委员会交办的其他工作。

第三章　标准项目的立项

第十六条　旅游业标准分为国家标准、行业标准、地方标准和企业标准。

（一）旅游业需要在全国范围内统一的技术要求，应制定国家标准；

（二）对没有国家标准而又需要在旅游行业范围内统一的技术要求，应制定行业标准；

（三）对没有国家标准和行业标准而又需要在省、自治区、直辖市范围内统一的技术要求，可制定相应的地方标准；

（四）鼓励旅游及相关企业制定严于国家标准、行业标准或地方标准要求的企业标准。旅游企业标准由各省、自治区、直辖市旅游标准化工作领导小组组织制定、贯彻实施和监督检查。

第十七条　符合下列情况之一的，可制定国家旅游局标准化指导性技术文件：

（一）技术尚在发展中，需要有相应的标准文件引导其发展或具有标准化价值，尚不能制定为标准的项目；

（二）采用国际标准化组织（ISO）及其他国际组织的技术报告的项目；

（三）旅游基础项目及有关重大专项实施中，没有国家标准和行业标准而又需要统一的技术要求。

第十八条　旅游业国家标准、行业标准分为强制性标准和推荐性标准。保障人体健康，人身及财产安全的标准和法律、行政法规规定强制执行的标准为强制性标准，其他标准为推荐性标准。

第十九条　旅游业国家标准、行业标准和标准化指导性文件的制定、修订项目计划，根据旅游业发展的实际需要，以国家有关规定、旅游标准化发展规划和旅游业标准体系表为主要依据，采取自上而下和自下而上相结合的方式，由旅游标委会提出。

第二十条　申请单位提出的标准项目建议，应以书面形式报旅游标委会秘书处，由秘书处进行统一汇总、统筹协调后，提交旅游标委会审议。

第二十一条　国家标准计划项目报国务院标准化行政主管部门批准立项并下达年度计划；行业标准、国家旅游局标准化指导性文件计划项目由国家旅游局批准立项并下达年度计划。

第二十二条　对于旅游业发展急需、关系重大的标准项目，由秘书处直接组织编写标准项目建议报旅游标委会进行立项审议。

第二十三条　旅游业地方标准在立项前，省级旅游行政主管部门应书面征求旅游标委会的意见，包括拟制修订标准的名称、目的、适用范围和主要技术内容等。

第四章　标准的制定和审查发布

第二十四条　全国旅游标准化技术委员会负责组织标准的制定、修订工作和监督检查标准项目计划的完成。

第二十五条　国家旅游局各司室及旅游协会、各省级旅游行政管理部门应配合标准起草工作，对涉及的有关技术与业务问题提出意见与建议。

第二十六条　标准的制定、修订遵循下列基本要求和程序：

（一）项目承担单位编制标准制定、修订计划和实施方案，起草标准征求意见稿，向旅游领域的生产、科研、教育、企事业和管理部门等有关单位广泛征求意见；

（二）对各方面的反馈意见进行认真分析研究，修改补充标准征求意见稿，提出标准送审稿，连同《编制说明》、《意见汇总处理表》及有关附件，报送旅游标委会秘书处进行形式审查；通过形式审查的，由秘书处提交旅游标委会对标准送审稿进行专家审查；

（三）标准制定、修订计划项目承担单位应当根据专家审查的意见，对标准送审稿进行认真修改，完成标准报批稿及其相关材料，由旅游标委会秘书处进行复核。

（四）国家标准和行业标准的审查，由国家旅游局标准化主管部门统一组织，具体工作由全国旅游标准化技术委员会承担。

第二十七条　国家标准和行业标准的编写应符合《标准化工作导则》国家标准（GB/T 1），企业标准的编写可参照执行。

第二十八条　标准起草过程中征求意见一般由项目承担单位进行，重大标准可由国家旅游局组织征求意见，并在国家旅游局网站登载。

第二十九条　国家标准报国务院标准化行政主管部门批准、编号、发布；行业标准和标准化指导性技术文件由国家旅游局批准、编号、发布，并按规定报国务院标准化行政主管部门备案。企业标准由企业批准、编号和发布，并按有关规定备案。

第三十条　旅游行业标准的编号由旅游行业标准代号、标准发布的顺序号及标准发布的年号组成。

第三十一条　旅游业地方标准的发布，按照国家和地方有关规定执行。地方标准发布后三十日内，省级旅游行政主管部门应当向旅游标委会备案。备案材料包括：地方标准批文、地方标准文本、标准编制说明及相关材料各一份。

第三十二条　旅游业国家标准和行业标准发布实施后，应根据技术进步和行业发展适时进行复审。复审周期一般不超过 5 年，以确定现行标准继续有效或者予以修改、修订、废止。

第五章 标准的实施与监督

第三十三条 旅游全行业应执行已发布的标准,接受旅游标准化工作的管理和监督。

第三十四条 强制性标准必须执行。推荐性标准如被国家旅游局有关规定强制执行的,或被作为合同依据时,则推荐性标准在其有效范围内也应强制执行。

第三十五条 全国旅标委对旅游行业协会、中介机构开展旅游标准认证工作给予指导并监督。

第三十六条 各级旅游行政主管部门和旅游标准化工作机构,根据国家旅游局统一部署,结合当地实际情况制定实施办法。应建立健全标准化工作管理制度,开展标准的宣传、贯彻和培训工作,加强对标准贯彻实施的监督检查。对重要标准的实施情况,及时向国家旅游局报告。

第三十七条 旅游企事业单位在贯彻实施标准过程中需具备的物质、技术条件,应纳入本单位的建设、培训、技术改造计划。

第三十八条 旅游业各类标准均属科技成果,对技术水平高并取得显著成效的标准,将向有关部门推荐、申报科技成果奖励。

第三十九条 各级旅游行政主管部门和旅游企事业单位对在标准化工作中作出突出业绩的单位和个人,应予以表彰和奖励。

第四十条 对违反有关标准并造成不良后果的单位和个人,应按照有关规章制度进行处罚,追究相应的行政责任、经济责任和法律责任。标准化工作人员因失职、渎职造成不良后果和重大损失的,应给予行政处分和追究责任。

第六章 标准化经费

第四十二条 国家旅游局设立标准化专项经费,专款专用,由财务主管部门和标准化主管部门共同管理。专项经费用于下列方面:

(一) 对旅游业国家标准和行业标准的制定、修订工作提供补助;

(二) 标准技术审查的会议开支和劳务开支;

(三) 开展旅游标委会工作、年会及相关活动开支;

(四) 开展旅游标准化调研、科研、专题会议和国际交流等活动开支。

第四十三条 国家标准的制定、修订经费,按国家标准经费管理规定,由国务院标准化行政主管部门拨付,不足部分由国家旅游局补助或与项目承担单位协商解决。

第四十四条 行业标准的制定、修订经费,从国家旅游局标准化专项经费中拨付,不足部分由项目提出单位筹措解决。

第四十五条 企业标准的制定、修订经费,由企业自筹,可计入经营管理成本。

第四十六条 省级以下旅游标准化管理工作机构的经费由本单位行政费、事业费列支。

第四十七条 国家标准和行业标准项目承担单位应落实相应的配套经费,接受监督检查,按照要求报送项目实施情况和经费使用情况。

第七章 附则

第四十八条 本办法由国家旅游局负责解释。

第四十九条 本办法自发布之日起施行。2000年3月3日发布施行的《旅游标准化工作管理暂行办法》即行废止。

附录2 旅游业基础术语

1 范围

本标准规定了我国旅游业中的基础术语。

本标准适用于各类旅游业的国家标准、行业标准和地方标准的编写，也可供旅游行业各相关部门在行业管理、市场营销、经营管理等活动中引用和参考。

2 规范性引用文件

下列标准的条款通过本标准的引用而成为本标准的条款。凡是注日期的引用文件，其随后所有的修改单（不包括勘误的内容）或修订版均不适用于本标准，然而，鼓励根据本标准达成协议的各方研究是否可使用这些文件的最新版本。凡是不注日期的引用文件，其最新版本适用于本标准。

GB/T 14308　旅游饭店星级的划分与评定

GB/T 18973　旅游厕所质量等级的划分与评定

3 旅游和旅游业基础

3.1

旅游活动　tour；travel

为了休闲、商务或其他目的离开他们的惯常环境，到某些地方居停，但连续不超过一年的活动。

3.2

旅游者　visitor

到他惯常环境以外的地方去旅行，时间不超过12个月，并且其出游的主要目的不是通过所从事活动获取报酬的人。

3.2.1

过夜游客　tourist

在一个旅游目的地逗留至少24h以上的游客。

3.2.2

一日游游客　excursionist；day tripper

在一个旅游目的地逗留不超过24h的游客。

3.3

常住国 country of residence

一个人在近一年的大部分时间所居住的国家或地区,或在这个国家或地区只居住了较短的时间,但在12个月内仍将返回的这个国家或地区。

3.4

常住地 place of residence

一个常住国的居民,在近一年的大部分时间所居住的城镇或在这个城镇只居住了较短的时期,但在12个月内仍将返回的这个城镇。

3.5

国籍 nationality;citizenship

给游客颁发护照(或其他身份证明文件)的政府所在地的国家。

3.6

外国人 foreigner

属于外国国籍的人,包括已加入外国国籍的具有中国血统的华裔人士。

3.7

入境(国际)游客 international visitors

在一段时间内来我国境内观光、度假、探亲访友、就医疗养、购物、参加会议或从事经济、文化、体育、宗教活动的外国人、港澳台同胞等海外游客。

3.8

国民旅游 national tourism

本国居民国内旅游与出境旅游的总称。

3.9

国内游客 domestic visitors

任何以观光游览、度假、探亲访友、就医疗养、购物、参加会议或从事经济、文化、体育、宗教活动等为目的的居民,在自己定居的国家内,不论国籍如何,对某个目的地进行短暂访问,其出游目的不是通过所从事的活动谋取报酬。

3.10

出境游客 outbound travellers

中国内地公民出境前往其他国家或地区观光、度假、探亲访友、就医疗养、购物、参加会议或从事经济、文化、体育、宗教活动的人。

3.11

中国公民出国旅游目的地(ADS) Approved Destination Status

与我国签署了《旅游目的地国地位谅解备忘录》,互相开通旅游,能提供团队签证,即ADS签证的国家。

3.12
边境旅游 border tourism

在那些两国间边境不自由开放的,有管制的地区进行的越境或跨境旅游,其旅游的区域和期限由双方政府商定。

3.13
团体旅游 group tour

通过旅行社和相关旅游服务中介机构,以旅游包价的形式,按照一定的旅游行程进行的有组织的旅游活动。

3.14
散客旅游 independent tour

由旅游者自行安排旅游活动行程,或通过旅游中介机构办理单项委托业务,零星支付旅游费用的旅游形式。

3.15
自助旅游 self-service tour

由旅游者完全自主选择和安排旅游活动,且没有全程导游陪同的一种旅游形式。

3.16
背包旅游 bag packing; backpacker travel

自助旅游的一种,以尽可能少花钱多去一些旅游地、享受大自然和旅行的快乐、深度体验当地的民风民情为目的的旅游。

3.17
季节性 seasonality

受气候等自然地理条件的限制,有些旅游活动具有明显的季节性。

3.18
旅游旺季 on season; high season

一年中旅游者到访较集中的几个月份。由于各旅游目的地自然地理条件不同、旅游吸引物性质和主要客源市场不同,各地的旺季出现的月份不尽相同。

3.19
旅游淡季 off season; low season

一年中旅游者到访人数较稀少的几个月份。由于各旅游目的地自然地理条件不同、旅游吸引物性质和主要客源市场不同,各地的淡季出现的月份不尽相同。

3.20
旅游平季 shoulder season

一年中处于旺季与淡季之间的月份。

3.21
旅游季节性差价 seasonal adjustment fare

一种旅游企业为平抑旅游者人流季节性波动而采取差异化定价的市场行为。

3.22
旅游收入　tourism revenue

游客（海外游客和国内游客）在旅游过程中支付的一切旅游支出。包括国际旅游（外汇）收入和国内旅游收入。

3.23
国际旅游外汇收入　foreign exchange receipts of international tourism

海外旅游者在中国（大陆）境内旅行、游览过程中用于交通、参观游览、住宿、餐饮、购物、娱乐等全部花费。

3.24
国内旅游收入　domestic tourism receipts

国内旅游者在国内旅行、游览过程中用于交通、参观游览、住宿、餐饮、购物、娱乐等全部花费。

3.25
旅游外汇漏损　tourism foreign exchange leakage

旅游目的地的国家或地区的旅游部门和企业为了发展旅游业，将获得的外汇用于购买国外的物品、劳务以及支付对外贷款利息等导致的外汇收入支出，从而使目的地国家或地区的旅游外汇减少或流失。

3.26
旅游购物退税　tax refund for tourism shopping

旅游者在国外购买商品时，退还其在国内生产和流通环节实际缴纳的产品税、增值税、营业税和特别消费税等。

3.27
边际旅游消费倾向　marginal propensity of tourism consume

可支配收入每增加一个货币单位时用于旅游消费的增加量。

3.28
旅游业六要素　the six components of tourism

构成旅游的食、住、行、游、购、娱等六个基本要素。

3.29
旅游业　tourism industry

以旅游者为服务对象，以旅游市场为联系纽带，以旅游资源和设施为基础，以旅游经营活动为中心，将相关行业和企业集合起来，向旅游者提供旅游过程中所需要的产品和服务的综合性产业。

3.30
旅游企业　tourist enterprise

以旅游者为主要服务对象的经营实体。在现行的旅游统计制度中，仅指旅行社、星级饭店、旅游景点和旅游车船公司等。

3.31
旅游行业景气度　tourism prosperity

对旅游业景气调查中定性经济指标的定量描述，以直观反映宏观旅游经济运行和企业生产经营所处的状况和未来发展变化趋势。

3.32
旅游行业景气指数　tourism prosperity index

一种测度和衡量旅游行业景气程度的指数。

3.33
旅游价格指数　tourism price index

TPI

由与旅游者出游有关的产品及劳务价格统计出来的物价变动指标，反映一定时期居民旅游消费价格变动的相对数。

3.34
旅游卫星账户（TSA）tourism satellite account

在国民经济核算体系之外，经联合国世界旅游组织等国际机构的建议，按照国民经济核算体系的概念和分类标准，将所有由于旅游而产生的消费和产出部分分离出来进行单独核算的虚拟账户，也称为旅游附属账户。

3.35
旅游特征产品　tourism characteristic product

编制旅游卫星账户使用的一种产品分类方案，是指如果没有游客，将不再存在有规模的产品数量或产品消费水平将大幅度下降的那些产品，并可获得其统计信息。

3.36
旅游特征企业　tourism characterization enterprise

只进行单一旅游特征活动生产的企业，是编制旅游卫星账户的一种企业分类方法。

3.37
旅游业增加值　value-added of the tourism industry

由旅游产业所生产的各种旅游和非旅游产品组成的总产出减去生产过程中消耗的来自各产业部门的产品（即中间消耗），可具体分解为雇员报酬、营业盈余、混合收入等部分。

3.38
旅游业乘数　tourism multiplier

因旅游企业收入增加而引起的相关产业所产生的经济总量的增加的数量比例关系，表示一个特定地区的旅游业的收入对整个地区的经济总量增长的影响。

3.39
旅游就业　tourism employment

旅游吸纳就业的能力，是由满足旅游消费而产生的就业，可用就业人数指标和工作时间表示。

3.40

  旅游产业链　tourism industrial chain

  在旅游经济活动过程中，各产业之间存在着广泛、密切的经济联系，而依据产业前、后向的关联关系构成的一种链条式关系。

3.41

  旅游投诉　tourist complaint

  旅游者、海外旅行商、国内旅游经营者为维护自身和他人的旅游合法权益，对损害其合法权益的旅游经营者和有关服务单位，以书面或口头形式向旅游行政管理部门提出请求处理或要求补偿的行为。

4　旅游市场基础

4.1

  旅游客源地　traveller-generating region；source region

  具备一定人口规模和旅游消费能力，能够向旅游地提供一定数量旅游者的地区。

4.2

  目标市场　target market

  某旅游目的地接待的主要客源市场区域或主要人群。

4.3

  机会市场　opportunity market

  那些目前仍不是某旅游目的地的目标市场，但通过有针对性的市场营销活动有可能转化为目标市场的区域或人群。

4.4

  潜在市场　potential market

  某区域或某特定人群受某个或某几个因素的限制或影响，目前还不能或很难将其开发成为现实市场，但又具有较大潜在开发价值的市场。

4.5

  市场细分　market segmentation

  以消费需求的某些特征或变量为依据，区分具有不同需求的顾客群体。目的是针对每个购买者群体采取独特的产品或市场营销组合战略以求获得最佳收益。

4.5.1

  大众旅游市场　mass tourism market

  一般包含两层含义，一是指参加社会上广泛流行的旅游方式的消费者人群；二是指大批量销售的，标准化定制的，有组织的全包价团体旅游市场。

4.5.2

  替代旅游市场　alternative tourism market

  与大众旅游相对的，一种小规模的、灵活的、为游客量身定做的，同时也兼顾旅游目的地社会效益和环境保护的旅游市场。也称选择性旅游市场。

4.5.3

利基市场　niche market

被传统优势旅游企业忽略的市场细部,其市场规模较小,也称超细分市场旅游。

4.5.4

深度旅游市场　deeply tourism market, experiential tourism market

一种对旅游目的地更为融入,体验更加细致和丰富,与大众观光旅游不同的消费者群体。这种旅游的目的地一般都避开热闹的旅游区,深入社区体验当地的风土人情和生活方式。

4.5.5

观光旅游市场　sightseeing market

以参观、欣赏自然景观和民俗风情为主要目的和游览内容的旅游消费者群体。一般来说,观光旅游属于大众旅游,但也有些属于专题旅游或替代旅游。

4.5.6

度假旅游市场　holiday market; vacation market

以度假和休闲为主要目的和内容的旅游消费者群体。其特点是在一地逗留时间较长,活动项目安排一般较宽松、节奏较慢。

4.5.7

探亲访友市场　visiting relatives and friends

以探亲访友为目的而产生的旅游消费者群体。其旅游目的地不局限于旅游者的故乡,还包括亲友当今的居住地以及双方约定会面的其他目的地。

4.5.8

商务旅游市场　business travel market

职业人士在商务活动过程中产生的所有旅游消费行为。除了传统的商贸经营外,还包括参加行业会展、跨国公司的区域年会、调研与考察、公司间跨区域的技术交流、产品发布会以及公司奖励旅游等。

4.5.9

特种旅游市场　special interests tourism market

具有较强自主性和个性化的非常规性旅游消费者群体。一般带有一定的冒险性和竞技性,如探险、狩猎、潜水、登山、汽车拉力赛及洲际、跨国汽车旅行等,选择志同道合的人作为旅伴,其内部有共同的价值观。有的特种旅游要经过非对外开放区,因此在政策上属于需要特别审批的旅游活动,也有的将其称为专题旅游、专项旅游和特色旅游等。

4.5.10

本地旅游市场　local travel market

旅游目的地为本地的旅游消费者群体。

4.5.11

周边旅游市场　city break market

旅游目的地为周边（一般在300km范围内）的旅游消费者群体。

4.5.12

远程旅游市场　long-haul travel market

距旅游目的地较远（一般在1000km以上）的旅游消费者群体。

4.5.13

修学旅游市场　study tour market

以参加结合课程教学而进行的历史、文化或自然科学的现场教学、野外实习和考察以及参观大学校园等活动为内容的消费者群体，一般都为各级各类的在校学生。

4.5.14

青年旅游市场　youth tourist market

以在校大学生和年轻职员为主体的旅游消费者群体。

4.5.15

新婚蜜月市场　bridal market; honeymoon market

新婚夫妇为庆祝新婚、欢度蜜月而外出旅行的消费者群体。

4.5.16

家庭旅游市场　family tourist market

以家庭成员为单位，以加深家庭成员之间的感情交流，共同探索和体验新鲜而有趣的事物为目的而出游的消费者群体。如果是家长与孩子一起参与的旅游也称亲子旅游。

4.5.17

老年旅游市场　senior tourist market

以具有一定消费能力和体力，并有旅游欲望的退休人士为主体的消费者群体。

4.6

旅游业市场营销　tourism marketing

旅游企业和旅游目的地对旅游产品的开发、定价、促销和分销的计划和实施过程，以满足旅游者的需求和实现旅游企业、旅游目的地的发展目标。

5　旅游资源、产品和活动基础

5.1

旅游资源　tourist resources

对旅游者具有吸引力，并能给旅游经营者带来效益的自然和社会事物的总和。

5.2

旅游吸引物　tourist attractions

能激发人们的旅游动机，吸引旅游者进行旅游活动的自然客体与人文因素的总和。

5.3

    旅游产品　tourist product

    为了满足旅游者的旅游需求而生产和开发的物质产品和服务的总和。

5.4

    旅游活动　tourist activity

    人们离开其惯常环境前往目的地的一种旅行消费活动。

5.5

    观光旅游　sightseeing tour

    见 4.5.5。

5.5.1

    文化旅游　cultural tourism

    以观赏异国异地传统文化、追寻文化名人遗踪或参加当地举办的各种文化活动为目的的旅游。

5.5.2

    遗产旅游　heritage tourism

    以遗产资源为旅游吸引物，到遗产所在地去欣赏遗产景观，体验遗产文化氛围的旅游，一般包括自然遗产、文化遗产、工农业遗产和非物质遗产等多种类型。

5.5.3

    红色旅游　red tourism

    以中国共产党领导人民在革命和战争时期建树丰功伟绩所形成的纪念地、标志物为载体，以其所承载的革命历史、革命事迹和革命精神为内涵，组织接待旅游者开展缅怀学习、参观游览的主题旅游。

5.5.4

    黑色旅游　dark tourism

    到访一些特殊纪念地的旅游，这些纪念地以前曾经发生过悲剧事件或历史上著名的死亡事件且这些事件至今仍然影响着我们的社会生活。

5.5.5

    工业旅游　industrial tourism

    以运营中的工厂、企业、工程等为主要吸引物，开展参观、游览、体验、购物等活动的旅游。

5.5.6

    农业旅游　agricultural tourism; farm tourism

    以各类农业（包括林业、牧业和渔业）生产活动，以及各种当地民俗节庆活动作为主要吸引物的旅游。

5.5.7

    科技旅游　science and technology tourism

以各类高新科技产业的生产过程和成果开展参观、游览、体验、购物等活动的旅游。

5.5.8

教育旅游　educational tourism

以增长知识、提高教养、丰富阅历、受到启发等为目的的旅游。

5.6

寻根旅游　genealogy tourism

以寻找祖籍宗族和寻访祖上故地为目的的旅游，一般包括名人后代寻根、姓氏寻根、家族寻根、文化寻根游等多种形式。

5.7

宗教旅游　religious tourism

以宗教活动为目的的旅游活动。一般是指宗教信徒为进行朝拜、求道或参加重大宗教节日而离开居住地的旅游，有时也称朝觐旅游。

5.8

购物旅游　shopping tour

以购买名牌商品、廉价商品、地方土特产品和旅游纪念品等为主要目的的旅游。

5.9

民族旅游　ethnic tourism

以体验异域风情、独特自然生态环境和少数民族文化真实性为目的的旅游。

5.10

民俗旅游　folk custom tourism

以民俗事务、民俗活动和民间节事为主要吸引物的旅游。

5.11

节事旅游（FSE）　festival and special event

以地方节日、事件活动和节日庆典为吸引物的旅游。

5.12

创意旅游　creative tourism

旅游者与旅游地之间进行创意性互动的一种旅游。在旅游过程中，旅游者实现知识或技能的输入，开发个人创意潜能，并形成个性化旅游体验及旅游经历，实现目的地资源向旅游者经验的转化。

5.13

城市旅游　urban tourism

以城市的历史文化、现代建设成就和商业街区等为主要吸引物的旅游。

5.14

乡村旅游　rural tourism

以乡村自然景观、民俗和农事活动为主要吸引物的旅游。

5.15
自然旅游 nature tourism
以各种地理环境或生物构成的自然景观为主要吸引物的旅游。

5.15.1
森林旅游 forest tourism
以森林景观和森林生态系统为主要吸引物的旅游；森林是以乔木树种为主的具有一定面积、密度和郁闭度的木本植物群落。一般包括观光游览、森林浴、野营探险、狩猎采撷、观鸟赏蝶和科考科普等几大类型。

5.15.2
草原旅游 prairie tourism
利用独特的草原自然风光、气候及此环境形成的历史人文景观和特有的民俗风情为吸引物的旅游。草原是指在半干旱条件下，以旱生或半旱生草本植物为主的生态系统，一般包括观光游览、体验民俗风情、节庆活动等。

5.15.3
湿地旅游 wetland tourism
以湿地资源和湿地生态系统作为主要吸引物的旅游。湿地是指天然的或人工的、永久性的或暂时性的沼泽地，泥炭地和水域，蓄有静止或流动、淡水或咸水水体，包括低潮时的水深浅于6m的水区。自然湿地一般可分为滨海湿地、河流湿地、湖泊湿地和沼泽湿地等四大类型。湿地旅游活动一般包括观光游览、观鸟垂钓和科考科普等几大类型。

5.15.4
观鸟旅游 bird watching tourism
在自然环境中借助望远镜和鸟类图鉴在不影响野生鸟类栖息的前提下，观察和观赏鸟类的旅游。

5.15.5
山岳旅游 mountain tourism
以观赏自然山体景观、登山运动和保健养生为主要目的的旅游。

5.16
度假旅游 vacation tourism
见4.5.6。

5.16.1
温泉旅游 hot spring tourism
以温泉为主要吸引物，享受、体验沐浴和水疗以及温泉文化，康体养生为目的的度假旅游。温泉是指水温高于25℃，且不含有对人体有害物质的地下涌出热水。

5.16.2

海洋旅游   marine tourism

以海洋为场所,以探险、观光、娱乐、运动、疗养为主要目的的度假旅游,一般包括海滨(海岸沙滩)旅游、海上旅游、海底旅游、海岛旅游等几大类。

5.16.3

观鲸旅游   whale watching tour

以可持续的方法在海上观赏或是通过诸如喂食和游泳等一些相互影响的互动行为方式来观察鲸类活动的旅游。

5.16.4

滑雪旅游   skiing tour

以滑雪运动及其相关设施为主要旅游吸引物的度假旅游。一般包括高山滑雪、越野滑雪、高空滑雪和单板滑雪等几大类。

5.16.5

高尔夫球旅游   golf tour

离开惯常环境,前往异地的高尔夫球场以打球、切磋球技、商务应酬、公关社交等为目的的度假旅游。

5.17

会展奖励旅游   MICE

会议(Meeting)、奖励(Incentive)、大型会议(Conference/convention)、展览(Exhibition)旅游的总称。

5.17.1

会议旅游   Meeting; Convention; Exhibition

以组织、招揽各种会议,提供相应的会议服务,并在会前、会中或会后安排游览活动的一种商务旅游。业界习惯上根据参会人数规模,将会议分为专业会议和大型会议两大类。包括协会会议(年会、研讨会、人员培训会等)、公司会议(董事会、销售会、人员培训会、股东大会等)、政府会议,展(销)览会、博览会和其他专题会议。

5.17.2

奖励旅游   Incentive travel

企业为奖励员工、代理商、合作伙伴和客户而由公司出资的旅游。这种旅游改变了单纯旅游的形式,将培训与旅游相结合,把业务会议与奖励性活动相结合。

5.18

专业旅游   professional tour

以专业学习、业务交流、观摩考察为主要目的的旅游。

5.19

公益旅游   public welfare tourism

一种能促进社会公共利益的旅游活动。

5.19.1

　　社区旅游　community tourism

　　以社区为目的地，能促进东道社区旅游业及其经济、环境和社会效益持续发展的旅游。

5.19.2

　　扶贫旅游　poverty lift tourism

　　以帮助旅游目的地的贫困人口摆脱生活困境或改善生存条件为主要目的的旅游。

5.19.3

　　慈善旅游　charity trip

　　慈善团体组织的为特定目的地做善事的旅游。

5.19.4

　　社会旅游　social tourism；welfare tourism

　　政府或其他协会组织以津贴或其他形式资助低收入者或无法承担旅游费用等特定群体的旅游。

5.19.5

　　志愿者旅游　volunteer tourism

　　利用旅游过程中的部分时间自愿从事为当地社区、自然资源保护及需要帮助的人群提供不计报酬的服务和劳动，但不作为固定职业的行为。

5.20

　　负责任的旅游　responsible tourism

　　一种旅游者对旅游目的地环境保护自觉地负起责任的旅游方式。

5.20.1

　　可持续旅游　sustainable tourism

　　在满足当前旅游者和旅游经营者利益的同时，又不对未来旅游者和旅游经营者满足其自身利益的能力构成损害的负责任的旅游方式。

5.20.2

　　绿色旅游　green tourism

　　以保护环境，保护生态平衡为前提的远离喧嚣与污染，亲近大自然，并能获得健康精神情趣的旅游。

5.20.3

　　生态旅游　ecotourism tourism

　　以独特的生态资源、自然景观和与之共生的人文生态为主要吸引物，以促进游客对自然、生态的理解与学习，提高对生态环境与社区发展可持续的责任感为重要内容的旅游。

5.21

特殊兴趣旅游　special interest tour

以满足旅游者个人的某种特殊兴趣为目的的旅游活动。

5.21.1

烹饪旅游　culinary tourism

以体验、学习异地烹饪为目的，旅游者与旅游地之间进行互动的一种旅游方式。

5.21.2

美食旅游　gastronomic tourism

以品尝和体验异域美食为主要目的的旅游。

5.21.3

葡萄酒旅游　wine tourism

到访位于葡萄酒产地的葡萄种植园、葡萄酒庄园和作坊，以了解葡萄种植、酿造工艺过程和体验葡萄酒文化为主要目的的旅游。

5.21.4

摄影旅游　photographic tourism

以欣赏和拍摄自然人文景观和民俗采风为主要目的的旅游。

5.21.5

垂钓旅游　fishing tour

以在优美的自然环境中垂钓、赏景和养生为主要目的的旅游。垂钓是利用钓具将鱼从水中捕捉出来的一项活动。一般可分为河湖垂钓和海上垂钓两大类。

5.21.6

狩猎旅游　hunting safari

经目的地政府管理部门许可，对野生动物或圈养动物进行捕猎的旅游。

5.21.7

保健旅游　health tourism

以增进身体健康或治疗某些慢性疾病为目的的旅游。目的地一般为温泉、山地森林度假村、海滨和阳光地带，有些保健旅游也属于度假旅游。

5.21.8

医疗旅游　medical tourism

到外地或外国寻求医疗费用较为低廉或医效更好的旅游，并将医疗保健与休闲旅游相结合。

5.22

特种旅游　special tourism

见 4.5.9。

5.22.1
科考旅游 research tourism

以探索大自然奥秘,探求科学原理为主要目的的旅游。

5.22.2
探险旅游 adventure tourism

到人迹罕至、充满神秘性或环境险恶的地方,进行带有一定危险性和刺激性的考察旅游。或者以挑战自我为目的的冒险旅游。

5.22.3
体育旅游 sport tourism

以参与体育运动或观看体育赛事为目的的旅游。

5.22.4
户外运动 outdoor activities; outdoor exercises; outdoor sports

到野外或者自然场地(非专用场地)进行的以健身、休闲、娱乐、观光为目的的运动项目,主要包括登山、攀岩、徒步、漂流、探洞、溯溪、速降、溜索、滑翔、探险、穿越、野营、野炊等非竞技类活动。

5.22.4.1
徒步旅游 hiking

在自然环境下以散步或漫走的方式,边走边赏景的旅游。

5.22.4.2
自行车旅游 cycling tour

以锻炼身体为目的,以自行车为主要代步工具,深度接近大自然,体验当地民风民情的一种旅游方式。

5.22.4.3
皮划艇运动 kayaking

皮艇和划艇运动的总称,也是奥运会比赛项目,皮艇是手持两边带桨叶的桨在艇的两侧轮流划动,依靠脚操纵舵控制航向。划艇是手持一头带有铲状桨叶的桨在固定的舷侧划水,并控制方向。分为静水和激流两大类。

5.22.4.4
极限运动 extreme-sports

一项借助于现代高科技手段、最大限度地发挥自我身心潜能、向自身挑战的娱乐体育运动。包括多个单项运动的综合运动项目群,主要有:极限滑板、极限直排轮、BMX 特技单车、极限攀岩、高山滑翔、滑水、激流皮划艇、摩托艇、冲浪、水上摩托、蹦极、滑板(轮滑、小轮车)的 U 台跳跃赛和街区障碍赛等多种比赛和表演项目。

6 交通旅游与旅游交通基础

6.1
交通旅游　transport tourism

以交通工具作为旅游吸引物,以获得在运动中观光或度假的特殊体验。

6.1.1
邮轮旅游　cruising

以定期航行的海洋邮轮为休闲娱乐场所,利用邮轮上提供的各种设施和服务所做的度假旅游,而海洋只是作为观光场所(如观赏港口风光、海上日出、海洋动物和海鸟等)。

6.1.2
游艇旅游　yachting; speedboat

一种行驶速度较快的,用于水上观光的小型轻便船只。可分为私人游艇和客运游艇两类。私人游艇装修布置如流动居室,适合家庭度假和朋友聚会;客运游艇一般用于载客观光。

6.1.3
直升机旅游　helicopter tour

乘坐直升机在空中鸟瞰壮丽景观的一种观赏体验旅游。

6.1.4
观光火车　sightseeing train

一种以专门运送旅游者为运营目的的特色火车,车厢装修豪华,车顶一般采用透光材料,便于游客观赏车外全景。

6.1.5
观光小火车　sightseeing track

在一些大型旅游景区(如森林公园、矿山公园、滑雪山地等)内运营的窄轨火车。

6.1.6
蒸汽机车旅游　steam locomotive travel

以乘驾蒸汽机车和满足怀旧心理为目的的旅游,属于特殊兴趣旅游的一种。

6.1.7
观光马车　hansom cab

一种用马匹来牵引车座(一般为双人座)的双轮非机动车辆,观光马车的车座布置或古色古香,或富有浓郁的地方特色;马车夫一般着具有民族特色或地方特色的服装,游客可以坐在车上体验当地的特殊风土民情。

6.1.8
太空旅游　space tourism

观赏太空旖旎的风光,体验失重状态的最新奇和最刺激的旅游。可分为抛物线飞行、接近太空的高空飞行、亚轨道飞行和轨道飞行等四种类型。

6.2
旅游交通工具　travel transport

在旅游途中使用的交通工具。一般来说，这种交通工具本身不是主要的旅游吸引物，而是作为观景的代步工具。

6.2.1
自驾车旅游　self-driving tour

自行驾车的旅游，是一种具有较强的灵活性和机动性的旅游方式，属于自助旅游的一种。

6.2.2
旅游房车（RV）　recreation vehicle

一种集"旅行、住宿、娱乐、烹饪、沐浴"于一体化的旅行交通工具，又称汽车上的家。房车内有舒适的卧室和清洁的卫生间、客厅和厨房，还配有空调、彩电、VCD、冰箱、微波炉、煤气灶、沐浴器、双人床及沙发，可供4～6人住宿，还有多套供电系统，行驶和住宿时都能全天供电。分为不带动力的拖挂式（caravan）和带动力的自行式（motorhome）两类。

6.2.3
房车营地　RV camp

提供房车停靠，为露营者提供娱乐休闲的服务场所。一个标准的汽车营地一般包括供电、供气、照明、给排水、餐饮、通讯、医疗、洗浴、超市、游乐等设施。

6.2.4
旅游客车　tourist coach

为旅游团提供的一般需要预订的客运汽车。

6.2.5
旅游巴士　tourist bus

为旅游者提供的发往周边城市或旅游目的地的定期客运班车。

6.2.6
城市观光（巴士）　city tour

对一种专供旅游者在城市市区内沿途观赏市容市貌的旅游巴士的习惯称谓。这种巴士一般车身图案较为鲜艳，双层敞篷，车上配有人员导游或可供选择的多语种电子导游，游客可在行车沿线各站（一般都设在旅游景点）随意上下，所购车票一日有效。

6.2.7
河湖游船　river yacht；cruiser

在江河湖泊及近海岸航行的，以观光作为主体功能的船舶，与海洋邮轮相比，单体规模较小，娱乐设施也较为简易。

6.2.8

索道缆车 cable car; telpherage

利用钢绳牵引，输送人员或货物的设备和装置的统称。车辆和钢绳架空运行称架空索道；车辆和钢绳在地面沿轨道行走的称地面缆车。一般在山岳型旅游景区使用的大多是架空索道。按牵引和行进方式，索道可以分为单线式、复线式、往复式、循环式（固定抱索式、脱挂式）等多种类型。

6.2.9

电瓶车 golf car; light electric vehicle

以可充电电池为主要能源，以电机为主要驱动装置的中小功率的电动车辆，属于一种轻型电动车。一般用于大型景区、度假区、海滩和高尔夫球场等。

7 旅行社业基础

7.1

旅行社 travel agency

为旅游者提供相关旅游服务，开展国内旅游业务、入境旅游业务或出境旅游业务，并实行独立核算的企业。

7.1.1

旅游经营商 tour operator/**旅游批发商** tour wholesaler

根据对市场需求的了解和预测，大批量的订购旅游交通、旅游饭店、旅游目的地的旅行社、旅游景点等有关旅游企业的产品和服务，将这些单项产品和服务组合成为不同的包价旅游线路产品或包价度假产品，并制作旅游产品小册子，通过一定的销售渠道出售给旅游消费者的企业。

7.1.2

旅游代理商 travel agent/**旅游零售商** travel retailer

不制作包价旅游产品，只销售批发商的包价产品和各类单项委托服务的企业。

7.1.3

出境游组团社 tour operator in outbound travel

依法取得出境旅游经营资格的旅行社。

7.1.4

旅行社门市部 store; travel outlet

旅行社为提供旅游咨询和销售旅游产品而专门设立的营业场所。

7.1.5

网上旅行社 travel service on the internet; online travel agency

基于互联网从事经营旅行社业务的网络公司，也称在线旅行社。

7.1.6
专业旅行社　special interest tour operator

专门经营单一的专项产品或单一的旅游目的地产品的旅行社。

7.1.7
会议组织者　meeting planner

国内旅游业界习惯上指跨国公司的采购部或市场部、会展公司和会奖旅行社。其组织的会议一般是指公司会议或商务性会议，这类会议虽然规模不大，但频度很高。

7.1.8
专业会议运营商（PCO）professional congress organizer

专业的国际性大型会议和活动组织者。

7.1.9
目的地管理公司（DMC）destination management company

以经营接待会奖、展览和节事活动为主要业务的经营实体。这类公司具有整合和协调目的地的各种资源和各项服务要素的能力，能为客户量身定制以及具体实施大型会议和活动方案。

7.2　旅行社业务

7.2.1
出境旅游业务　outbound travel

组团社组织的以团队旅游的方式，前往中国公布的旅游目的地国家/地区的旅行游览活动。

7.2.2
入境旅游业务　inbound travel

旅行社招徕或接待境外旅游者在中华人民共和国境内进行的旅游活动。

7.2.3
国内旅游业务　domestic tour

旅行社组织的在中华人民共和国境内进行的旅游活动。

7.2.4
外联业务　sales

旅行社经营入境旅游业务中的一个重要经营业务内容，包括设计旅游线路、促销旅游产品、与客户进行业务联系、信息推介、洽谈、出售旅行社产品并以此来招徕客源。

7.2.5
组团业务　group business

通过旅游零售商将旅游产品销售给旅游者，并与旅游接待服务商一起共同为旅游者提供满意的旅游体验，从而获得企业利润的经营业务。

7.2.6
接待业务　reception service

旅行社按照旅游接待计划为旅游者（团队或散客）在旅游目的地提供导游翻译、安排旅游者的游览，并负责订房、订餐、订票及旅游目的地之间的联络等综合性旅游服务，并从中获得经营利润的业务。

7.2.7
地方接待业务　local reception service

地方接待旅行社主要从事的按照组团旅行社既定的旅游接待计划组织旅游者进行旅游活动的业务。

7.2.8
计调业务　group operation

旅行社在接待业务工作中，为旅游团安排各种旅游活动所提供的后台服务，包括安排食、住、行、游、购、娱等事宜，选择旅游合作伙伴或导游，编制和发送旅游接待计划、旅游预算单等，以及为确保这些服务而与其他旅游企业或有关行业、部门建立合作关系。

7.2.9
团队拓展　team building

会议和奖励旅游活动中的一个常见内容。通过团队成员参与的一系列活动和游戏项目来达到加强团队凝聚力和团队和谐运转的目的。这些活动可以活跃团队气氛，增进团队的融洽，加强参与感，给旅游活动增加趣味性，也称团队建设。

7.3
旅行社产品　tour product

旅行社向旅游者销售的以旅游吸引物、旅游设施和策划安排为主要构成的旅游线路或项目，以及附着其上的配套服务，包括各种形式的包价旅游线路和单项委托服务等。

7.3.1
包价旅游　package tour

一种包含房费、综合服务费、交通费以及专项附加费等的全包价旅游，包括旅行社推出的标准产品和由客户指定的定制产品。

7.3.2
小包价旅游　mini-package tour

要求旅游者预付的费用仅包括房费、早餐及旅行社的手续费，其他旅游费用在旅游过程中现付的旅游。

7.3.3
散客成团　joint tour

介于团体旅游和散客旅游之间的一种组团方式，旅游者分别从不同的地方来到旅游目的地后，才组成旅游团队。一般这类旅游团不设全陪，旅游者选择性较强，既可参加团队活动，亦有相当多的自由活动时间。

7.3.4

自由行　self package tour

只向旅游者提供飞机票（或火车票）加上饭店预订等业务的单项委托产品，对于出境旅游者一般还包括签证送签服务。

7.3.5

单项预订服务　ticketing or hotel reservation

旅行社根据旅游者具体要求而提供的各种非综合性有偿服务，内容非常广泛，常规性服务项目主要包括：导游服务、接送服务、代订票服务、代订酒店服务、代联系参观游览项目、代办签证、代办旅游保险等。

7.4

导游服务公司　tour guide agency

依照有关规定到工商管理部门登记注册，对外以公司名义独立开展经营活动并承担法律责任的劳动服务公司，但不从事旅行社业务，而依照有关法律、法规，通过合同、协议、保险等形式明确与导游人员、旅行社的相互法律关系及相应的法律责任，如导游人员的人身保障责任、导游人员在服务过程中因个人行为造成损失的责任划分等。

7.5

领队　tour escort；tour leader；tour manager

依照规定取得出境旅游领队证，接受具有出境旅游业务经营权旅行社的委派，担任出境旅游团领队工作的人员。

7.6

导游员　tour guide

取得导游证，接受旅行社委派，为旅游者提供向导、讲解以及相关服务的人员。

7.6.1

全程陪同导游员　national guide

简称全陪，由接待方旅行社委派或聘用，负责向旅游者提供境内全程旅游服务的导游人员。

7.6.2

地方陪同导游人员　local guide

简称地陪，由地方接待旅行社聘用或委派，负责为在当地游览的旅游者提供接待和导游服务的人员。

7.6.3

外语导游员　foreign language-speaking tour guide

以外语作为工作语言和讲解语言的导游员，一般分英语导游员和小语种导游员，常用的小语种包括日语、朝语或韩语、法语、德语、西班牙语、葡萄牙语、俄语、阿拉伯语、泰语和印尼语等。

7.6.4
中文导游员　Chinese-speaking tour guide
以中文作为工作语言和讲解语言的导游员，一般分普通话导游员和方言导游员，常用的方言有广东话和闽南话。

7.7
旅行社行业分工体系　travel trade division system
旅行社行业内形成的垂直分工（上下游业务分工）、水平分工（同一业务流程环节上的市场分工）和斜向分工（多元化的跨行业分工）的分工体系。

7.8
旅行社批零体系　wholesale and retail system
旅行社行业内的垂直分工体系，即由旅游线路（旅行社产品）的生产商和零售商（代理商和门市销售网点）构成的专业化分工体系。

7.9
旅游呼叫中心　call center
继旅游互联网以后，又一种利用信息通信技术构建的新型旅游产品营销业态。是一种基于电话、传真（Fax）、电子邮件（Email）、超文本链接（Web）、移动通信（WAP）、自动语音识别技术（ASR）、计算机电话集成技术（VoIP）和短信互动等多媒体通信平台与客户实现互动的旅游企业。

7.10
旅游合同　tourism contract
旅游者同与其具有平等民事主体资格的旅游经营者、旅游经营者与有关行业以及旅游企业相互之间，为完成旅行游览活动，实现旅游的目的，明确相互权利、义务关系而达成的协议。

7.11
综合服务费　service fee；inclusive fee
为旅游团（者）提供综合服务所收取的费用，包括导游费、餐饮费、市内交通费、全程陪同费、组团费和接团手续费。

7.12
汽车超公里费　extra mile charge
旅游团超出市区及近郊范围，到远距离的景区（点）参观时所需加收的交通费用。这是因为实际发生的交通费用已经超出了综合服务费中所含的市内交通费。

7.13
特殊项目费　costs for special service items
对旅游团（者）要求增加的某些特殊旅游项目所加收的费用。

7.14
小费　tip；gratuity
旅游者对为其提供优质服务的人员表示谢意而自愿额外支付的赏金。

7.15
回扣　commission
一些购物商店、社会餐馆和旅游景点，为报答旅行社将旅游团队带入其经营场所消费而给予旅行社或导游员的酬金，也称回佣或佣金。

7.16
零（负）团费　keepback
组团社不向地接社支付地接的综合服务费（甚至按旅游团人数按一定比例向地接社收取送团费用）的做法。

7.17
旅游小册子　brochure
旅游批发商提供给代理商的旅游产品销售目录。

7.18
旅游包机　chartered flight
旅行社或旅游组织者为方便游客出游或节省交通费用，以一定的价格包租下来的运载旅游团（者）到达旅游目的地的客机。

7.19
同业包机　sharing chartered flight
两个以上的旅行社或团体共同包租一个航班。

7.20
同业拼团　pack cluster；wholesale/散拼团
按照组团社或旅游批发商之间的协议，将各自从门市部（门店、销售中心等）招徕到购买的同一旅游目的地产品的游客（一般来说，人数不足以独立成团），交由其中的一家旅行社作为组团社来负责组织和实施旅游接待计划。

7.21
行前说明会　pre-tour meeting
在旅游团成行前由旅行社组织的、由领队和旅游团成员参加的说明会，目的是告知旅游者关于外出旅游过程中应遵守和了解的一些规定和注意事项等。

8　住宿接待业基础

8.1
旅游饭店　tourist hotel
以提供住宿服务为主，同时还提供餐饮、购物、娱乐、度假和商务活动等多种服务的接待型企业。按地区、类别和等级不同，习惯上也被称为宾馆、酒店、旅馆、旅社、旅舍、宾舍、客舍、度假村、俱乐部、大厦、中心等。

8.2

星级饭店　star-rated hotel

依据 GB/T 14308 评定的饭店，分一星、二星、三星、四星、五星和白金五星等六个等级。

8.3

绿色饭店　green hotel

以可持续发展为理念，坚持清洁生产、倡导绿色消费、保护生态环境和合理使用资源的饭店。

8.4

经济型饭店　budget hotel; economy hotel; economy lodging

以提供交通便捷，价格低廉和干净、整洁的客房为核心产品和基本产品的住宿接待企业，满足住客一般性的住宿需求。

8.5

度假饭店　resort hotel

主要是为度假游客提供住宿、饮食、康乐和各种交际活动场所的饭店。此类饭店一般位于海滨、滑雪胜地、温泉、高尔夫球场、山地河湖等度假区内。

8.6

商务饭店　business hotel

为从事企业活动的商务旅行者提供住宿、饮食和商业活动及有关设施的饭店。

8.7

会议型饭店　convention hotel

提供能够满足大的团体、协会组织的会议及贸易博览会所需求的设施和服务的饭店。

8.8

公寓式饭店　service apartment

引入饭店服务和管理模式的公寓。

8.9

主题饭店　theme hotel

以某一素材（历史、城市、故事）为主题，从硬件（建筑、装饰、产品等有形方面）到软件（文化氛围、文化理念、服务等无形方面）都围绕主题展开，带给住客富有个性的文化感受和难忘体验的饭店。

8.10

分时度假　time-share resort

一种介于房地产产品与旅游住宿产品之间的中间产品。不同的游客在度假地购买和拥有同一处房产（度假饭店和公寓的客房、度假别墅）的产权或使用权，每个游客拥有每年一定时段的使用权,并可通过全世界分时度假系统交换其使用权。根据购买者的权益内容和使用方式不同,一般可分为时权饭店、养老型饭店和有限自用的投资型饭店三类。

8.11
汽车露营地 auto-campsite

在交通发达的风景优美之地开设的,专门为自驾车爱好者提供自助或半自助服务的休闲度假区,其提供的主要服务包括住宿、露营、餐饮、娱乐、汽车保养与维护等。

8.12
汽车旅馆 motel; motor lodge

设在公路旁,为自驾汽车游客提供食宿等服务的旅馆。

8.13
青年旅舍 youth hostel

为自助旅游者,特别是青年旅游者提供住宿接待的经营场所。

8.14
家庭旅馆 home inn; home-stay

旅游地居民将自己闲置的住宅通过改造和装修建成的一种小型社会旅馆,可以让游客感受到家庭氛围和增加对当地居民的接触和了解。

8.15
农舍旅馆 country inn

设在农村,具有浓厚乡土气息的,为旅游者提供食宿服务的小型饭店。农舍旅馆通常为游客提供农场的工作环境,游客在逗留期间可以参与各种日常的农业劳动。

8.16
B&B Bed and Breakfast

直译为"床铺加早餐",指只供应住宿和早餐的小旅馆。

8.17
连锁饭店 chained hotel

直接或间接控制两个以上的饭店,并以相同的店名、店徽,统一的经营程序、管理水平、规章制度、操作规程和服务标准联合经营的饭店企业集团。

8.18
饭店集团 hotel group

以饭店企业为核心,以经营饭店资产为主体,通过产权交易、资本融合、品牌输出、管理合同、人员派遣以及技术和市场网络等制度制约而相互关联的企业集团。不拥有饭店产权,只接受委托进行管理的饭店集团称为饭店管理集团。

8.19 饭店设施

8.19.1
大堂　lobby

饭店入口进入后的公共空间，供住店客人办理入住手续、旅游团集合、小憩、会客和咨询等。大堂一般设有大堂副理台、前台区、住店客人休息区、行李房、大堂吧、钢琴、购物中心等。

8.19.2
前台　front office；front desk

提供信息咨询、办理入住、退房结账、外币汇兑、访客留言、寄存贵重物品、取存房门钥匙等服务的工作台。

8.19.3 客房

8.19.3.1
单人客房　single room

仅供一位客人入住的房间，通常只有一张床位。

8.19.3.2
双人客房　twin room

可供两位客人同时入住的房间。分两张单人床和一张双人床两种类型。

8.19.3.3
三人客房　triple room

可供三位客人同时入住的房间。一般布置为三张单人床，也有的是在双人客房基础上加折叠床。

8.19.3.4
标准客房　standard room

带有独立卫生间，房间面积和设施符合住客基本要求的客房。

8.19.3.5
豪华房　deluxe room

房间面积较大，家具、装修、设施等方面都较豪华，朝向和观景效果俱佳的客房。

8.19.3.6
行政楼层　executive floor

高星级饭店中为商务客人和高级行政人员设立的独立楼面，一般包括行政酒廊、行政客房和行政套房等，也称商务楼层。

8.19.3.7
总统套房　president suite

高星级饭店中，最高档的套房，房间数至少在五开间以上，装修和陈设奢华考究，除主人房外，还应配备随员房间，并有24h的专业管家服务。

8.19.3.8
客房"六小件" toiletry items

为住宿客人免费提供的牙刷、牙膏、沐浴液、洗发水、拖鞋、梳子等六种一次性卫生用品。

8.19.4
餐厅 restaurant

以服务形式销售膳食和食品的场所。

8.19.4.1
自助餐厅 buffet restaurant

以供应自助餐为主的餐厅,参见8.20.1.3。

8.19.4.2
多功能厅 function room

可以进行空间分割,形成不同活动空间,以满足多种功能需要的厅房,一般具有举办宴会和会议等多功能用途。

8.19.4.3
宴会厅 bali room

专门用于提供宴会服务的餐厅。

8.19.4.4
旋转餐厅 revolving restaurant

设在一些高层建筑的饭店顶层,地面可旋转的餐厅,供顾客边用餐边赏景。

8.19.4.5
酒吧 bar/酒廊 lounge

以供应酒类、饮料和西式点心为主,满足客人休闲小憩、社交娱乐、商务会谈、夜生活和宴会专项服务等需要的消费场所。一般包括主酒吧(英式酒吧)、大堂吧、酒廊、客房迷你酒吧、宴会酒吧、服务酒吧和主题酒吧(如雪茄吧)等多种类型。

8.19.5
商务中心 business center

为住店客人提供传真、打字、文印、文件装订、复印、上网、文件翻译等有偿服务的部门。

8.19.6
健身娱乐设施 facilities of fitness and recreation

饭店提供的美容美发、桑拿按摩、温泉水疗、游泳池、健身房、乒乓球、网球、壁球、棋牌、歌舞厅、卡拉OK等设施和服务的统称。

8.20
饭店服务 hotel service

饭店为住店客人和来访客人提供客房、餐饮、商务、康乐、健身等服务的统称。

8.20.1 餐饮服务

8.20.1.1

餐桌服务 table service

餐具摆台、引位、沏茶、斟酒、传菜、特色菜品介绍、分餐、更换骨碟、结账、送客等一系列服务流程的统称。狭义的餐桌服务仅指服务员将每道菜放在托盘上，递到桌上的服务。

8.20.1.2

西式服务 services in western style

服务员使用托盘传菜的操作程序，按照服务细节不同，可分为俄式服务、美式服务和法式服务等。

8.20.1.3

自助餐 buffet

将各类食品摆放在餐桌上由客人自取，就餐者无固定餐桌的一种服务方式。

8.20.1.4

开瓶费 corkage

对在餐厅、酒吧等营业场所饮用自带的啤酒、酒和饮料的客人收取的特别费用。

8.20.2

客房服务 housekeeping

提供与客人入住的客房有关的所有设施和服务的统称，狭义的客房服务仅指送餐服务。

8.20.2.1

送餐服务 room service

为住宿客人提供送到客房食用的餐食、点心和饮料等的服务。一般在客房里备有送餐的菜单，送餐费用不含在房费内，需额外付费。也称客房服务。

8.20.2.2

叫醒服务 wake-up call；morning call

为住宿客人提供唤醒的服务。

8.20.2.3

留言服务 message service

为住宿客人提供来访客人的留言转告服务。

8.20.2.4

开夜床服务 turndown service

把床铺整理成睡前准备状态，包括赠送供客人睡前食用的巧克力、次日早餐的送餐服务菜单等。

8.20.2.5
布草　linen

对卫生间的针织用品（浴衣、浴巾和毛巾等）和床上用棉织品（床单、枕芯、枕套、棉被和被单等）的通称。

8.20.2.6
洗熨服务　laundry service

为住宿客人提供的洗衣（干湿洗）、上浆、熨烫、缝补等有偿服务。

8.20.3
金钥匙服务　Concierge

来自法语的守门人一词，原意是指西方古代客店的守门人，负责迎来送往和掌管客房钥匙，现在指为住店客人提供全方位"一条龙"的礼宾服务。

8.20.4
会议服务　convention service

为住店从事商务和参加会议的住客提供会议设施和服务的统称。

8.20.4.1
茶歇　tea break；coffee break；refreshment break

会间休息时，供应咖啡、茶或其他饮料及小食品的服务。

8.20.4.2
主题茶歇　theme break

在一个正式项目会议的会间休息期间，除提供食品和饮料外，按照一定主题进行装饰、化妆、表演和互动性娱乐的主题性聚会。

8.20.4.3
欢宴晚会　gala dinner

大型奖励旅游团全体成员出席的规模盛大的晚宴，是奖励旅游活动中的一个重要内容，也是奖励旅游活动中最具创意的项目。一般在活动中要突出企业文化、公司形象以及为优秀员工、代理商和重要客户颁奖等内容。

8.20.4.4
主题晚宴　theme party

一种与中心概念有联系的晚会，其中的邀请、食物、装饰、娱乐活动和其他节目都与主题有关。

8.21　住店客人

8.21.1
团体客人　group guests

由旅行社或团体活动的组织者预订和安排的集体入住的客人。

8.21.2
临时散客 walk-in guests

没有事先预订客房而临时入住的客人。

8.21.3
零散游客 foreign individual traveler

FIT

原意指不经过旅行社预定而入住酒店的外国零散游客，现泛指国内外的散客。

8.21.4
已确认的客人 confirmed guests; guarantee guests

已确定入住的客人。

8.21.5
已确认未出现的客人 no show guests; guarantee no show

已确定入住，但未入住的客人。

8.21.6
未确认的客人 guests without confirmed reservation; non-guarantee guests

虽曾有预订但未做确认入住的客人。

8.21.7
候补住客 guests on the waiting list; stand-by guests

客房满员时，预约排队等待入住的客人。

8.21.8
预付房费的住客 paid-in-advance guests

预先已将房费付清的客人。

8.21.9
常住客人 permanent guests

长期下榻在饭店的客人。

8.21.10
短期客人 transient guests

短期暂住在饭店的客人。

8.21.11
迟到客人 late arrival

超过预订入住时间的最后期限仍未登记入住，但已通知饭店推迟入住的客人。

8.21.12
获准晚走的客人 late checkout

获得饭店同意，免费推迟退房时间的客人。

8.21.13
延住客人 overstay

推迟原先预订退房日期,准备再多居留几天的客人。

8.21.14

逃账客人 skipper

未办退房手续,没有支付房费而离店的住店客人。

8.21.15

外宿客人 sleep-out guests

已登记入住并支付房费,但没有在饭店过夜的客人。

8.21.16

欠账客人 high risk guests

已欠饭店房费较多,且有可能无力支付房费的客人。

8.21.17

贵宾 very important person

饭店的重要客人。

9 旅游景区(点)和旅游目的地基础

9.1

旅游景区/旅游景点 places of interests; scenic spot

以满足旅游者出游目的为主要功能(包括参观游览、审美体验、休闲度假、康乐健身等),并具备相应旅游服务设施,提供相应旅游服务的独立管理区。该管理区应有统一的经营管理机构和明确的地域范围。

9.1.1

世界遗产 world heritage

在全世界范围内具有突出意义和普遍价值的古迹和自然景观。物质性世界遗产包括世界自然遗产、世界文化遗产、文化景观、世界自然和文化双遗产等四大类。

9.1.2

自然景区 natural scenic area

以大自然的山川、河湖、海洋、森林、草原、荒漠等地质地貌及生物系统为景观的旅游景区。

9.1.2.1

自然公园 natural parks

具有观光游览、科普教育和科学研究等功能的自然景观或自然生态区域系统。

9.1.2.2

国家公园 national parks

由国家设定的一个生态区域系统,设立该系统的主要目的是为了保护区内自然景观和生态资源的多样性和重要性,使其自然进化并最小地受到人类社会的影响。

9.1.2.3
地质公园　geoparks

由联合国教科文组织（UNESCO）在开展"地质公园计划"可行性研究中创立的新名称。它指具有特殊地质意义，珍奇或秀丽景观特征的自然保护区。这些特征是该地区地质历史、地质事件和形成过程的典型代表。

9.1.2.4
森林公园　forest parks

一种以森林景观为主体的自然公园，为游客提供旅游度假、休憩娱乐、保健疗养、科学研究、生态教育的场所。

9.1.2.5
湿地公园　wetland parks

一种以湿地景观为主体的自然公园，为游客提供旅游度假、休憩娱乐、保健疗养、科学研究、生态教育的场所。

9.1.2.6
野生动物园　safari park；wild-life zoo

以保护野生动物为目的，并进行科普教育、科学研究以及供游人参观游览的场所。

9.1.2.7
海洋馆　aquarium

集海洋科普宣传、水生生物物种保护和研究、观赏休闲娱乐为一体的人造室内海洋生态系统。

9.1.3
文化景区　cultural attraction

文化景点

以人文活动、文化遗址和遗产以及当代建设成就为景观的旅游景区。

9.1.3.1
文化遗址　ancient cultural relic；cultural heritage

人类的建筑废墟以及对自然环境改造利用所遗留下来的痕迹，如民居、村落、都城、宫殿、官署、寺庙、作坊等。

9.1.3.2
风景名胜区　scenic area

具有欣赏、文化或科学价值，自然景物、人文景观比较集中，环境优美，具有一定规模和范围，可供人们游览、休息或进行科学文化活动的地域。根据景观价值和规模大小，在中国分为国家重点风景名胜区、省级风景名胜区和市级风景名胜区三个等级。

9.1.3.3
博物馆　museum

不以营利为目的、为社会和社会发展服务的永久性机构。它把收集、保存、研究有关人类及其环境见证物作为基本职责，并向公众开放和展出，提供他们学习、教育、观赏的场所。

9.1.3.4
历史文化名城　cities of historical and cultural importance

经国务院核定公布的，保存文物特别丰富，具有重大历史价值和革命意义的城市。

9.1.3.5
文物保护单位　cultural relics preservation unit

由各级人民政府依法确定的、具有重要价值的地面、地下不可移动文物的总称。根据其价值，一般分为国家级、省级、县（市）级三个级别，分别由国务院、省、县（市）人民政府公布；根据文物类型，一般可分为古遗址、古墓葬、古建筑、石窟寺及石刻、近现代重要史迹及代表性建筑、其他等。

9.1.4
人造景区　man made attraction

专为吸引旅游者而人工建造的旅游景区。

9.1.4.1
游乐园　amusement park

具有各种乘骑设施、游艺机、餐饮供应以及综艺表演的娱乐场所。

9.1.4.2
主题乐园　theme park

具有一个或一组主题的游乐园，其中的乘骑、景观、表演和建筑都围绕着某个或某组主题，也称主题公园。

9.1.4.3
海洋公园　ocean park

以海洋作为主要吸引物，供游客观赏海洋生物和生态、了解海洋知识、开展海洋科普教育的主题公园。

9.1.4.4
动物园　zoo

专门饲养各种动物以供展览参观，并进行科普教育和科学研究的场所。

9.1.4.5
植物园　botanical garden

搜集、种植各种植物，以科研为主，并进行科普教育和供游客观赏的园林。

9.1.4.6
城市公园　city park

设在城市市区、主要供市民晨练、游憩和休闲的人工绿地或园林。

9.1.4.7

郊野公园　suburb park

设在城市郊区、主要供市民郊游、远足和游憩的乡村园林。

9.1.5

旅游度假区　resort

旅游度假村

以吸引游客休闲放松为主要目的，以提供一种特殊的环境和氛围体验为特征而开发的，能够自给自足地满足游客度假功能所需的设施和服务的综合体。

9.2

景区导游员　on-site guide

在旅游景区/点为参观者进行讲解的工作人员，也称讲解员。

9.3

旅游厕所　toilets at the tourist attraction

在旅游者活动场所建设的，主要为旅游者服务的公用厕所。

9.4

星级旅游厕所　star-rated toilets at the tourist attraction

根据 GB/T 18973 所认定的旅游厕所的五个等级，用星的数量来表示，数量越多，等级越高。

9.5

游客中心　visitor information center

旅游景区设立的为游客提供信息、咨询、游程安排、讲解、教育、休息等旅游设施和服务功能的专门场所。

9.6

旅游目的地　tourist destination

能够吸引一定规模数量的旅游者，具有较大空间范围和较齐全接待设施的旅游地域综合体。

9.7

旅游城市　tourist city

那些具有鲜明城市文化特色，旅游业在当地经济发展中占据较重要地位的城市。这些城市本身就是一项重要的旅游吸引物。

9.8

景区管理　attraction management

在充分认识景区内游客行为特点的基础上，运用恰当的管理技术、管理方法对游客进行引导、约束和管理，实现旅游者生命财产安全保障、高质量旅游体验、景区资源环境的保护、设施合理利用的统一。

9.8.1
环境管理 environment management

以环境科学为基础，运用技术、经济、法律以及教育和行政手段，协调景区相关者利益和环境保护之间的关系，使景区达到可持续发展，实现经济利益、社会利益和环境利益的有机统一。

9.8.1.1
环境容量 environment carrying capacity

一定时间内，在旅游景区的自然生态环境不致退化的前提下，所能容纳的旅游者人数或旅游活动强度，也称环境承载力，一般将环境容量的极限值称为最大环境容量。

9.8.1.2
心理容量 psychic carrying capacity

游客在特定的环境中，心理上能承受最大客流量的极限值。

9.8.1.3
经济容量 economic carrying capacity

景区企业维持正常经营管理费用所需要接待的最低游客人数。

9.8.1.4
可接受的改变（LAC） limits of acceptable change

一种试图解决国家公园和保护区中资源保护与利用之间矛盾的理论和技术工具，其主要思想是在绝对保护和无限制利用之间，寻找一种妥协和平衡。一般来说，只要有利用，资源必然有损害，也就是变化，关键的问题是如何将这种变化控制在可接受的范围之内。该技术的操作要点是，首先为主导性目标制定"可允许改变"的标准；在可允许改变的标准内，对旅游利用不加严格限制；一旦超出了"可允许改变的"范围，则严格限制旅游利用，并采取必要的手段，使资源状况恢复到标准内。

9.8.1.5
最佳环境容量 the most suitable environmental carrying capacity

同时满足环境容量、游客心理容量和企业经济容量的游客接待人数。

9.8.2
资源管理 resource management

运用规划、法律、经济、技术、行政、教育等手段，对一切可能损害景区旅游资源的行为和活动施加影响，协调旅游发展、资源利用和环境保护之间的关系，从而实现经济效益、社会效益、环境效益的有机统一。

9.8.3
质量管理 quality management

对确定和达到景区质量所必需的全部职能和活动的管理。其管理职能主要是负责景区质量方针政策的制定和实施等。

9.8.4
游客管理　visitor management

在一些环境容量有限和生态环境较为脆弱的景区，如一些自然保护区和遗产地，对于游客人数规模、时空分布、活动强度、旅游方式等采取的干预、疏导和控制等措施。

9.9
旅游目的地信息系统（DIS）tourist destination information system

一种非常庞大的电子数据库，主要包括旅游产品数据库、游客情况数据库、市场信息数据库和计算机预定中心四个部分，多由一个国家或地区的政府旅游部门来组织创建和实施。

9.10
旅游目的地管理系统（DMS）tourist destination management system

通过行政、经济和法律方法，将旅游目的地视为一个开放的完整系统，开发利用和保护旅游资源，调控目的地的运行机制，组织各种丰富多彩的旅游项目活动，创造显著的经济效益和社会效益的地域综合体。

9.10.1
游客信息咨询中心　visitor information center

由旅游目的地组织（destination management organization，简称 DMO）或旅游管理部门设立的，主要为散客旅游者提供有关该目的地食、住、行、游、购、娱等各方面实时信息的场所，一般设在机场、火车站、景点、商业街区等外来游客密集的地方。

9.10.2
游客集散中心　tourist rendezvous

在一些口岸城市、交通枢纽城市或经济中心城市，为方便本地居民和外地游客去周边远郊或邻近城市旅游而设立的旅游客车运营中心。

9.10.3
免费问讯电话　toll free phone

由旅游目的地组织（destination management organization，简称 DMO）或旅游管理部门开通的免费问讯电话，主要解答游客的旅游信息问讯，有的也接受游客对当地旅游企业服务质量的投诉。

9.11
旅游目的地营销系统（DMS）destination marketing system

由政府主导、企业参与建设的一种以互联网为平台、信息技术为手段进行宣传和咨询服务等营销活动的旅游信息化应用系统，其目的是为整合目的地的所有资源和满足旅游者个性化需求提供一个完整的解决方案。

9.12
全球分销系统（GDS）global distribution system

从航空公司订座系统中发展而来的，面向旅行社的网络销售系统，除原有的航空运输业外，各国的旅游饭店、租车公司、旅游公司、铁路公司等纷纷加入这一系统，为旅行者提供及时、准确、全面的目的地信息服务，并可满足消费者旅行中包括交通、住宿、娱乐、支付及其他后续服务的全方位需求。与一般的旅游预订网站不同，该系统不基于互联网，而是通过终端专线接入为其客户服务。

9.13

金旅工程　golden travel project

中国旅游业信息化的系统工程，主要建设全国旅游行政办公网络、旅游行业管理网络、公众信息网络等三网一库工程。其目的是最大限度地整合国内外旅游信息资源，实现较完备的政府、市场、公众多方位的信息采集、共享和发布的体系。

10　旅游购物基础

10.1

旅游购物　tourist shopping

在旅游活动过程中所进行的各类产品的购买活动，包括工业产品、农副产品、土特产品、工艺品、旅游纪念品等。

10.2　旅游商品

10.2.1

旅游纪念品　souvenir

旅游者在旅游目的地购买的具有浓厚当地特色的土特产品或手工艺品。

10.2.2

手工艺品　hand-craft

观赏性、艺术性和纪念性较强的，以手工制作为主的商品。一般包括雕塑工艺品、织绣工艺品、编织工艺品、漆器工艺品、金属工艺品、美术字画和美术陶瓷等。

10.2.3

土特产品　native product; local product

以当地原材料或当地传统制作工艺生产加工的传统特色产品，具有浓厚的地方性特征。

10.2.4

旅游日用品　tourist commodity

旅游者在旅游途中所使用的日用消费品，一般包括旅游服装、鞋帽、洗涤用品、化妆用品、防护用品、娱乐用品等，这些用品的特点是简易、轻便，便于携带。

10.2.5

旅游专用品　outdoor fittings

旅游者参加一些特种旅游所需的专门器材或装备，如钓具、滑雪器具、高尔夫球杆、望远镜和指南针等。

10.2.6
旅游休闲食品　snack

供旅游者在旅游途中购买或消费的特色食品，一般包括糖果糕点、风味食品、方便食品、坚果蜜饯等。

10.3　旅游购物场所
10.3.1
免税店　duty free shop

为离境游客提供购买免收海关关税商品的店铺和场所，一般分为口岸店、市内店和国际交通工具上的购物点。

10.3.2
大型购物中心　shopping mall

一种空间大、功能全的购物场所。空间大是指占地面积大、公用空间大、停车场大、建筑规模大，由若干个主力店、众多专业店和商业走廊形成封闭式商业集合体，且业态复合度高；功能全是指集购物、餐饮、休闲、娱乐、旅游甚至金融、文化功能于一体，提供全方位的服务。

10.3.3
露天市场　open market

以销售价格低廉的特色商品、过时商品和旧货为主的开放性购物场所，又称自由市场、跳蚤市场、旧货市场等。

10.3.4
步行街　walking street

禁止机动车驶入的商业街区，一般设在游客密集的市中心。街道两侧商店林立，道路较窄便于游客穿行，是游客主要的购物场所。

11　旅游金融保险与救援基础

11.1
旅游上市公司　listed tourist companies

所发行的股票在证券交易所上市交易的股份有限公司，公司的主营收入主要来自旅游业务。

11.2
信贷旅游　credit travel

由银行先行支付旅游费用，游客以分期付款的方式偿还旅游费用的一种旅游方式。

11.3
旅行支票　traveller's check

境内商业银行代售的、由境外银行或专门金融机构印制、以发行机构作为最终付款人、以可自由兑换货币作为计价结算货币、有固定面额的票据。境内居民在购买时，须本人在支票上签名，兑换时，只需再次签名即可。

11.4

旅游信用卡　travel credit card

一种由大型旅游企业与银行联合发行的联名信用卡。

11.5

旅游保险　travel insurance

旅游者和旅游企业为保障自身权益而参加投保的险种的统称。一般包括旅游救助保险、旅游人身意外伤害保险、旅游景点意外伤害保险和住宿游客人身保险等几大类。

11.6

旅行社责任保险　travel agents liability insurance

旅行社根据保险合同的约定，向保险公司支付保险费，保险公司对旅行社在从事旅游业务经营活动中，因旅行社的过失致使旅游者人身、财产遭受损害而承担的赔偿责任。

11.7

旅游意外伤害保险　travel personal accident insurance

对旅游者在旅游过程中，因发生意外事故导致旅游者的生命或身体受到伤害而进行赔偿的一个险种。

11.8

旅游医疗保险　travel medical（health）insurance

赴申根国家旅游必需投保的险种，主要用于由于生病可能送返回国的费用及急救和紧急住院等的费用。

11.9

旅客人身意外伤害保险　passenger personal accident insurance

以航空旅客的生命或身体为保险标的，意外伤害事故为保险事件的短期性人身保险。也称航空意外险。

11.10

旅游救援　travel assistance

一种由专业的救援公司为出境旅游者提供的援助服务，当游客在境外旅游遇到人身安全的事故、突发疾病或证件遗失等麻烦时，这些公司分布在全球的办事处会及时施援。

11.11

旅游救援体系　travel assistance system

由专业的救援公司、保险公司、专业的医疗队伍和通晓各种语言的援助专员组成的专业化和网络化的救援系统。

11.12

旅行社质量保证金　quality guarantee fee of travel agency

保障旅游者权益的专用款项，属于缴纳的旅行社所有。当旅行社在经营服务过程中出现损害旅游者权益等情况，而旅行社不承担或无力承担赔偿责任时，可以动用旅行社质量保证金对旅游者进行赔偿。

11.13

旅游发展基金　tourism development fund

各级政府用于发展旅游业的专项资金。

12　旅游规划基础

12.1

旅游发展规划　tourism development planning

根据旅游业的历史、现状和市场要素的变化所制定的目标体系，以及为实现目标体系在特定的发展条件下对旅游发展的要素所做的安排。

12.2

国家旅游规划　national tourism planning

由国家旅游主管部门组织制定的，对于全国旅游发展所做的科学、合理的战略部署和工作安排，是国家社会经济发展总体规划中的一个有机组成部分。

12.3

区域旅游规划　regional tourism planning

一种中长期战略规划，从宏观、长远的角度，在分析区域的发展背景、资源与市场条件之下，对旅游业在该地区经济地位、发展方向、市场定位、总体布局、发展期限、项目开发顺序、投入产出、政策和法规等重大问题方面做出明确计划，作为政府部门宏观调整和项目建设的依据。

12.4

地方旅游规划　local tourism planning

根据国家旅游规划和本地区实际情况对当地旅游业发展所作的科学合理的战略部署和工作安排。这类规划不仅具有地方特点，还与区域旅游规划相衔接。一般可分为省级旅游规划、市级旅游规划和县乡级旅游规划。

12.5

景区景点规划　attraction planning

以区域性的发展规划为基础，对景区景点的开发项目和设施建设进行安排设计。是对旅游景区景点发展规划的进一步落实与细化，期限一般较短，在五年或五年以下，属于近期规划。

12.6

旅游产业规划　tourism industrial planning

全面部署和谋划由旅游行业和为旅游行业直接提供物质、文化、信息、人力、智力服务和支持的行业和部门所形成的产业群，使其得到综合发展和相互协调。

12.7

旅游概念性规划　tourism conceptual planning

一种介于发展规划和建设规划之间的规划类型,是一种理想状态下的创新性构思规划,不硬性要求后续规划编制及建筑设计完全照搬此构思,它强调思路的创新性、前瞻性和指导性,在宏观层面上对规划区的旅游发展勾勒理想蓝图。

12.8

旅游总体规划　tourism master planning

在较大的区域范围内,对旅游业的发展在预期的时段范围内做出全面、具体的安排,同时也根据需要对旅游区的远景发展做出轮廓性的规划安排。期限一般为10~20年。

12.9

旅游控制性详细规划　tourism regulatory planning

在旅游区总体规划的指导下,为了近期建设的需要,在某一景区或某一个项目上从宏观角度提出原则性的意见,详细规定区内建设用地的各项控制指标和其他规划管理要求,为区内一切开发建设活动提供指导。

12.10

旅游修建性详细规划　tourism site planning

在总体规划或控制性详细规划的基础上,对旅游区当前要建设的项目进一步深化和细化,用以直接指导各项建筑、工程设施的设计和施工,又称实施性详规或施工性详规,也就是通常所说的操作性规划。

12.11

旅游基础设施规划　tourism infrastructure planning

对旅游地的旅游交通道路、邮电通信、给水排水和供电能源,以及防洪、防火、抗灾、环保、环卫等基础设施内容做出系统编制和安排。

12.12

旅游设施规划　tourism facilities planning

对直接向旅游者提供食、住、行、游、购、娱等服务的旅游服务设施以及间接为旅游者提供服务的公共设施进行统筹安排,以满足旅游者的需求。

12.13

旅游专项规划　tourism project planning

以总体规划为依据,集中对具体的旅游功能单位的发展所做的详细管理规定或具体安排和规划设计,具有现实的可操作性、内容生动性和技术经济合理性的特点。

12.14

旅游产品体系规划　tourism products system planning

在富有创造性的策划创意的基础上,通过游览观光体系规划、娱乐体系规划、旅游线路规划、接待设施体系规划、形象与营销规划,使策划创意最后整合成为一个景观品质—活动内容—空间条件—时间序列—信息引导的有机整体,为旅游者提供舒适、优质、价格合理的旅游经历。

12.15

旅游保障体系规划　tourism security system planning

对在旅游市场条件下通常无法解决或难以迅速解决的一系列矛盾，如旅游容量、环境保护、文化保护、安全防灾等方面进行安排部署，并予以协调解决，以保障旅游经济的健康发展。

12.16

旅游支持体系规划　tourism support system planning

根据旅游发展的专门需要，对与旅游发展相关的其他规划进行调整和改善，通过合理调动社会经济系统中的已有支持力量或组合，创建新的支持力量，以便为旅游产品的生产和市场交换提供必要的物力、人力和财力支持等。

12.17

旅游专题规划　specialized tourism planning

根据实际需要，根据旅游区规划过程中的具体环节而编制的更具有针对性的规划，包括项目开发规划、旅游地建设规划、旅游市场营销规划、旅游区保护规划等。

12.18

景观规划　landscape planning

注重景观的丰富度和美誉度，以规划对象景观化为手段，对旅游项目、游客活动、设施建设这三者进行空间布局、时间分期和设施设计，谋求人与环境的可持续发展。

12.19

旅游空间规划　tourism spatial planning

旅游产业的区域建设用地和功能分区的规划。

12.20

旅游环境规划　tourism environment planning

根据旅游地特点，按环境要素、规划内容和时间编制具体的污染控制规划和计划或生态保护规划和计划。

12.21

旅游规划信息系统　tourism planning information system

一个运用地理信息系统（GIS）、遥感（RS）、全球定位系统（GPS）、多媒体等技术对旅游规划相关信息进行收集、存储、分析、管理、维护及辅助决策支持的系统。

参考文献

1. 刘土军，刘莉莉．标准化：旅游业科学发展的重要支撑［R］．2011．
2. 汪黎明．我国旅游标准化工作的新动向和新趋势［R］．2012．
3. 成志湘．旅游服务标准化体系对推进旅游业发展的作用研究［J］．当代旅游（学术版），2013，（8）．
4. 王季云，姜雨璐．旅游业标准体系的思考与重构［J］．旅游学刊，2013，（11）．
5. 张凌云．从旅游到休闲：标准化工作的新起点的新任务［J］．中国标准化，2011，（5）．
6. 杨彦锋，蒋艳霞，李鹏．标准化的模型与方法——经由旅游标准化实践的理论建构［J］．旅游学刊，2012，（8）．
7. 何力，李泽华．走向世界的中国旅游标准化工作［J］．中国标准化，2003，（7）．
8. 王嵘山．中国旅游标准化工作成效回顾［J］，旅游学刊，2008，（11）．
9. 马震，李树民．中欧旅游标准化运作机制比较研究及其对我国的启示［J］．北京第二外国语学院学报，2007，（3）．
10. 安应民．关于加快旅游标准化建设的思考［J］．标准科学，2009，（1）．
11. 全国旅游标准化发展规划（2009—2015）［Z］．
12. 刘峥．标准及标准化［M］．北京：中国计量出版社，2005．
13. 李春田．模块化研究［M］．北京：中国标准出版社，2008．
14. 张友明．标准化综合贡献的科学评估方法［M］．上海：复旦大学出版社，2009．
15. 赵文慧，白殿一，赵朝义．浅论"标准学"的学科命名及其研究内容［J］．标准科学，2009，（7）．
16. 郭学道．旅游标准化与可持续发展［J］．旅游纵览，2011，（5）．